実践から読み解く

園のリーダーのための
リスペクト型マネジメント

1 組織改革の4つの視点

大豆生田啓友／編著

フレーベル館

はじめに

園のみんなで子どもの姿ベースの保育へ！
～園長、ミドルリーダー、すべての保育者のための リスペクト型マネジメント

保育業界は大激動期にあります。人口減少社会が進行し、持続可能な園経営のあり方が大きな課題となっています。その一方で乳幼児期の保育の質の重要性が叫ばれ、子ども主体の保育が求められているのです。その実現のためには、子どもの姿ベースの保育のサイクルを確立することが不可欠であり、職員間の振り返りや語り合う風土、魅力的な職場と園のブランディング、人材育成や採用、働き方改革、家庭・地域との連携など、多様な課題があります。

その課題解決の鍵となるのが、「マネジメント」力です。しかも、それはリーダーのトップダウンによる従来型では限界があります。そこで、重要だと考えたのが「リスペクト型マネジメント」の視点です。本シリーズでは、月刊保育誌『保育ナビ』においてこれまでたくさん紹介してきた先駆的な取り組みの実践事例を中心に、「リスペクト型マネジメント」の実際を考えていきたいと思っています。

本シリーズの第１巻では、「組織改革の４つの視点」を取り上げていきます。４つの視点とは、①語り合う風土・ミッションの共有、②職員一人ひとりの良さ・個性の尊重、③個々を活かす働き方のマネジメント、④外部（家庭・地域、自治体）との協働的かかわり、です。

なお、本書は園長のみならず、主任などミドルリーダー、すべての保育者にもお読みいただきたいと思っています。ぜひ、多くの方にご活用いただけると幸いです。

大豆生田啓友

Contents

実践から読み解く 園のリーダーのための
リスペクト型マネジメント 1 組織改革の4つの視点

第3章　様々なアプローチの具体例

第4章　語り合いの組織へのヒント

本書の使い方

本書では、園にかかわる子どもも大人もワクワクになる、新時代の組織づくりを提案しています。
先進的な実践を読み解く形で「リスペクト型マネジメント」についての理解を深め、
読者の皆さまが実践できるように構成しています。

子どもの姿ベース（子ども主体）の保育は
どうすればできるのか？
事例園から「リスペクト型マネジメント」の
４つの視点を学ぼう！

先進事例から
「リスペクト型マネジメント」を学び、
自園の保育と組織を振り返る視点を
つくろう！

ワクワクする保育を目指す、
すべての保育者に活用してほしい！
保育と組織が変わるヒントを事例から
見つけてみよう！

ワークシート（P.91）で、自園の課題や気づき、
アプローチ（解決法や取り組みのアイデア）を
探り、園内で共有し、実行してみよう！

ぜひ、
「リスペクト型マネジメント」
の可能性に
注目してみてください！

第1章

保育の質向上時代の保育とマネジメント

乳幼児教育・保育を取り巻く状況は、大きく変化しています。先行きが見えない時代ですが、だからこそ園のリーダーのマネジメントのあり方が重要となっていきます。第１章では、これからの時代のリーダーに求められる視点として、「リスペクト型マネジメント」という新しい考え方と、それに基づき保育改革・組織改革を行い、持続可能な園となっていくうえでの４つの視点について提案します。

執筆　大豆生田啓友

先行きが見えない時代だからこそ リーダーが大切にしたい組織づくりの視点

少子化や人材不足などが深刻になり、
園の持続可能性に危機感がもたれる状況のなか、園のリーダーの悩みは尽きません。
一体、どのような指針を掲げ進んでいけばよいのでしょうか。

＊:「Volatility(変動性)」「Uncertainty(不確実性)」「Complexity(複雑性)」「Ambiguity(曖昧性)」の頭文字を並べたもの。変動性が高く、不確実で複雑、さらに曖昧さを含んだ社会情勢を示す。

Rこども園
ポイント①
子どもの姿ベースの保育
いらっしゃいませー
おいしいですよ
子どもたちが主体的に
活動していますね
子どもが考えた
遊びなんですね
ポイント②
保育者が楽しさとやりがいを感じている
Cちゃんがね、
こんなおもしろいことを…
子どものことを語り合うの、
楽しいんですよね

職員室
ポイント③
みんながリーダーの意識をもつ
こんなので、
こんなのを…
いいね！
こういうのも
楽しいかも！
役職に関係なく、
意見がたくさん出てますね
保護者や地域とも…
ポイント④
保護者や地域も自ら参画
牛乳パック集めて
きましたよ～
ありがとうございます
また畑に
収穫しにおいでね
お城作れるね！
いつもありがとう
ございます
保護者や地域が園のファンに
なっているんですね

なんだか気持ちのよい
関係性ね
みんなが生き生き
してましたね
でもどうしてだろう？
知りたいですか？
このような園になっていくための鍵は、
リスペクト型マネジメント
なんです
子どもも大人も、みんなを
尊重し合う組織のあり方です
リスペクト型
マネジメント？
さあ、次のページから
リスペクト型
マネジメントの詳細と、
具体的な改革の事例を
見ていきましょう！
あなたの園でも
必ず改革できます！

語り合う保育を生み出す組織改革のための リスペクト型マネジメントの提案

先行きが見えない社会で、園にかかわるすべての人の幸福感が高まる組織となっていくために、子どもの姿ベースの保育に立脚したリスペクト型マネジメントについて解説します。

執筆　大豆生田啓友（玉川大学教授）

1 園のマネジメントの重要性が求められる背景

乳幼児教育・保育を取り巻く状況は大きく変化しています。世界的にVUCA＊1の時代とも呼ばれ、先行きが見えない社会で、パンデミックや世界の不安な情勢もそれを物語っています。日本国内においても同様であり、特に深刻な人口減少と少子化が進んでいることは、大きな課題です。それは、言うまでもなく保育の世界にも大きな影響を与えています。

全国的に深刻な保育者不足に加え、地域の中で選ばれる園となることが大きな課題です。まさに、これまでの待機児童問題という量的な課題から、保育の質の時代へと大きく転換しようとしているのです。文部科学省や厚生労働省においても保育の質の検討がなされるなど、大きな転換期にあります。こども家庭庁の創設に向けた「こどもまんなか社会」への検討も進められています。保育所保育指針や幼稚園教育要領も、あるいは世界的な動向もそうですが、**すべての園で、すべての子どもに質の高い保育を保障することが求められています。その保育とは一人ひとりの子どもの最善の利益が尊重され、子どもの主体性が尊重される保育です。そして、今こそ、園の組織改革およびそのマネジメントが求められています。**

2 選ばれる魅力ある園であるためには保育の質向上が基盤

現在、人口減少社会が進行するなかで、園がいかに持続可能性をもち、選ばれる園になるかが大きなテーマとなっていると思います。選ばれる園であるために、園の経営者やリーダー層は、園の宣伝・広報、働き方の見直し、人材育成などに力を入れているかもしれません。もちろん、それらは大切なことです。

しかし、**選ばれる魅力ある園の最大の中核は、保育の質の向上にある**と考えます。それは子どもが園生活を楽しいと感じ、子どもの主体性が尊重され、遊びを通した豊かな育ちと学びがあることが根幹になります。つまり、**子どもにとって魅力的な園**です。そしてさらに、保育者もまた保育が楽しいと感じ、やりがいや幸せを感じることです。これは、**保育者自身が自園に魅力を感じ、自園に誇りを感じ**

＊1：「Volatility（変動性）」「Uncertainty（不確実性）」「Complexity（複雑性）」「Ambiguity（曖昧性）」の頭文字を並べたもの。変動性が高く、不確実で複雑、さらに曖昧さを含んだ社会情勢を示す。

表1　「地域になくてはならない園づくり」の５つの要素と実現のための取り組み

地域になくてはならない園づくりの５つの要素		保育の質向上のための取り組み
❶ 自園らしさ、長所、個性が明確である	→	自園の保育理念を職員全体で問い直し、語り合う風土を形成
❷ 保護者の中に保育理念への共感者が多数いる	→	保護者への発信と連携
❸ 職員が自園を誇り、ロイヤルティが高い	→	職員の人材育成および働き方改革
❹ 地域に必要な保育・教育機能を連携・多機能化している	→	地域との連携とつながり
❺ 上質な広報・発信する力を有している	→	❶〜❹の保育の魅力の発信力

＊桑戸真二・大嶽広展「保育新時代の園経営　地域になくてはならない園づくりに必要な園マネジメント」『保育ナビ』2022年3月号、P.17（フレーベル館）を元に作成

ることで、ロイヤルティが高まるということです。また、このような生き生きした子どもや保育の様子を家庭にも発信することや、良好なコミュニケーションを通して、保護者の信頼と満足度も高まります。**保護者や地域からも信頼が得られることで、園への共感者（ファン）コミュニティが形成**されていくのです。

つまり、保育の質を高めるサイクルを行う一連の取り組みのなかで、人材育成や働き方の向上が行われ、家庭や地域とのつながりが構築され、園の魅力が外部に発信されていくことが求められます。本書で紹介している園の取り組みをお読みいただければ、そのことの重要性がよく理解できるはずです。

このことは、桑戸真二氏・大嶽広展氏が月刊保育誌『保育ナビ』の「保育新時代の園経営」の特集の中で述べている、「『地域になくてはならない園づくり』の５つの要素」とも共通する点があります＊2。その５つとは、❶自園らしさ、長所、個性が明確である、❷保護者の中に保育理念への共感者が多数いる、❸職員が自園を誇り、ロイヤルティが高い、❹地域に必要な保育・教育機能を連携・多機能化している、❺上質な広報・発信する力を有している、です（表1）。ここでは、保育の質向上とは明記されていませんが、例えば、❶については、まさに自園の保育理念を職員全体で問い直し、語り合う風土を形成するなかで培われるものと言えます。❷は、保護者への発信と連携、❸は、職員の人材育成および働き方改革、❹は、地域との連携とつながり、❺は、そうした保育の魅力の発信力となるのです。まさに、保育の質向上のサイクルを核にしたリーダー層のマネジメント力が問われるのです。

3 「子どもの姿ベース」のサイクルを生み出すマネジメント

では、保育の質向上のためのマネジメントに必要な視点とはどのようなことでしょうか。私は全国の園のリーダーの先

＊2：桑戸真二・大嶽広展「保育新時代の園経営　地域になくてはならない園づくりに必要な園マネジメント」『保育ナビ』、3月号、フレーベル館、2022

図1 『保育をもっと楽しく』保育所における自己評価ガイドラインハンドブックの概要

○保育所における自己評価ガイドライン（2020年改訂版）の活用に資するよう、各保育所が自己評価の取組を行う際の具体的な留意点や工夫例について、ガイドラインの改訂内容の検討にあたって保育の現場から得られた知見等を踏まえ記載。

❶未来の保育実践を考えるための「評価」

❷自己評価の実施に当たって大切にしたいこと

日々の保育に手応えが生まれ、保育がより楽しくなる評価に

自己評価の基盤となる「子どもの理解」

互いに肯定的な理解と評価ができる職場の環境づくり

❸取組を進めていく際のポイント

明日の保育に向けた日常的な記録・計画の活用

既存の評価項目を用いる際の留意点と工夫

園内・外部研修や評価などの活用

園長・主任の役割

保護者や地域との連携

会議やミーティングの工夫

＊厚生労働省「『保育をもっと楽しく』保育所における自己評価ガイドラインハンドブック」、2020を基に作成

生方から「何をすればよいのか？」とよく質問されます。実は、保育の質を高めるための取り組みは多様にあります。ただし、その基盤となるのは、職員一人ひとりの日常的な振り返りや対話のサイクルに加え、職員全員での主体的で継続的な、対話的な取り組みです。一般にPDCAサイクル[*3]とも言われます。ただ、子ども主体の保育は子どもの姿から出発し、保育者はその姿を記録し、振り返り、対話や省察や評価を行い、明日の計画をデザインしていくプロセスです。つまり、「子どもの姿ベース」のサイクルと言えます。

厚生労働省の「保育所等における保育の質の確保・向上に関する検討会」（以下、「保育の質の検討会」）[*4]では保育の質についての検討を行い、質を高めるための「自己評価」の役割が重要であることを提起しています。自己評価というと、チェックリストをやることと理解されることも多いのですが、それはあくまでも1つの手段です。図1は自己評価ガイドライン[*5]をわかりやすく示したハンドブックのポイントを示したものです。

まず図1の❶にあるように、評価は、未来の保育実践を考えるための「評価」であり、評価させられるためのものではなく、保育実践がワクワクしてくるためのものです。そのためには、❷のような3つのポイントがあります。1つめは、毎日の振り返りや記録を通して、「○○ちゃん、今、砂場遊びへの興味が見えてきた」など「子どもの理解」を行うこと。2つめは、「じゃあ、明日、こんな道具を

＊3：Plan（計画）、Do（実行）、Check（評価）、Action（改善）のサイクルをくり返すことで継続的な業務の改善を進める方法
＊4：2018年5月～2020年6月、全10回開催。座長・汐見稔幸、座長代理・大豆生田啓友
＊5：厚生労働省「保育所における自己評価ガイドライン（2020年改訂版）」、2020

用意してみよう」と保育を行うことで、「砂場遊びでこんな経験が生まれた」などの保育が楽しくなる手応えにつながるもの。３つめは、そのためには同僚や保護者と子どもの姿を語り合えるような、職場の環境づくりが求められることです。そして、❸のように、そのサイクルに取り組むポイントとして、記録、リーダーの役割、研修や会議のあり方などの見直しが求められているのです。

まさに、**今、この「子どもの姿ベース」のサイクルの確立と語り合う職場の風土づくりのマネジメント**が求められています（図2）。特に本シリーズの第１巻である本書では、そうした取り組みを行っている園の具体的実践を紹介していきます。

図2　子どもの姿ベースのサイクルが語り合う職場の風土をつくる

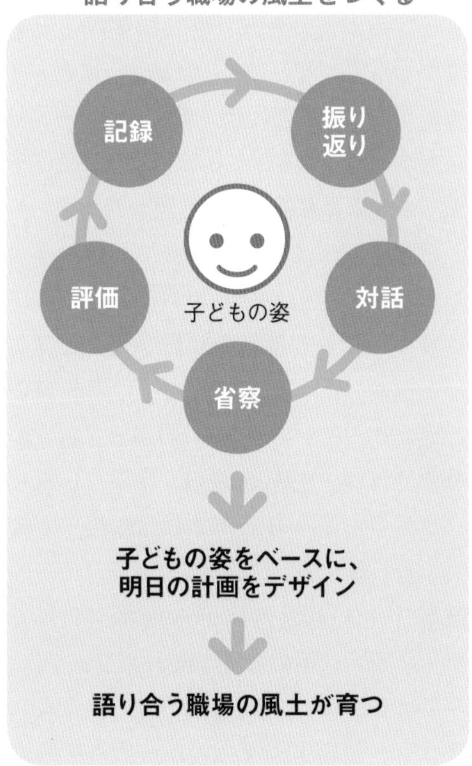

4 リスペクト型マネジメントとは

本書では、子どもの姿ベースの振り返り、対話、次の保育のデザイン（計画）のサイクルを職員間に生み出すようなマネジメントを通して、21世紀型の組織改革を進めていくことを提案しています。それは、**それぞれの個性が尊重され、子どもがワクワクし、職員がワクワクし、保護者や地域の人もワクワクしていくような組織**とも言い換えられるでしょう。まさに、子どもも大人も主体となる、「共主体の保育」[*6]です。

そのキーワードとして重要なのが、**他者へのリスペクト（尊重・尊敬）**です。近年、発達研究が進み、乳幼児期の子どもは有能な学び手であることが明らかにされています。また、子どもの人権や権利を重視する流れとも相まって、子どもを一人の人間として捉え、より尊重してかかわることが保育の場において重視されているのです。それは、子どもの主体性を尊重する保育が重視されることの背景でもあります。

そして、最近では、人材育成の観点からも、**子どもへのリスペクトと同時に、職員同士のリスペクトが重視**されているのです。厚生労働省の「保育の質の検討会」においても、「子どもが一人の人間として尊重される保育の実現には、一人一人の保育士等もまた行為の主体として尊重されることが必要であるという認識が、保育所の内外でより共有されるべきと考えら

＊6：保育において「子ども主体」が重要とされているが、子どもだけではなく、保育者・保護者・地域が共に主体となってかかわり合うことこそが、子どもたちにとっての豊かな遊びや学びにつながるという捉え方。

図3　リーダーシップモデルの変化

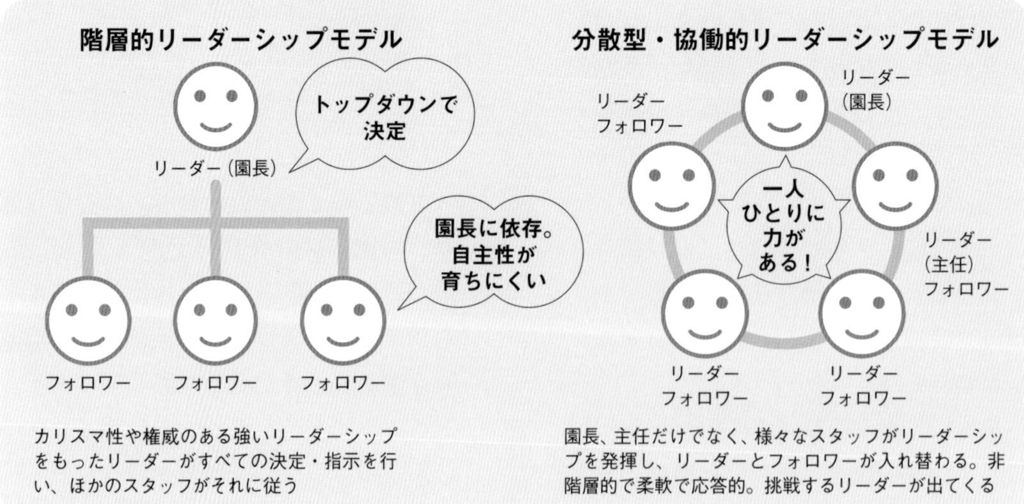

参考：野澤祥子「保育の質とその確保・向上のために」、保育所等における保育の質の確保・向上に関する検討会（第1回）資料2-3、2018
淀川裕美・野澤祥子・秋田喜代美「認定こども園におけるリーダーシップと園の取り組みに関する分析1―園長のリーダーシップに焦点を当てて―」、日本乳幼児教育学会第26回大会、2016

れる。」＊7と述べられています。

ここで言うリスペクトとは、他者の尊厳を尊重したかかわりを意味しますが、それは単に直接的なかかわりに留まらないのです。例えば、働き方改革やメンタルヘルスの取り組みなど、組織のシステムを人を大切にする仕組みに改革することをも含みます。本書では、**組織改革の大きな鍵は、子どもの姿ベースのサイクルを構築すると同時に、職員間が互いの良さに着目し、認め合う関係が構築される「リスペクト型マネジメント」にある**と提案します。

5 ミドルリーダーの役割

なお、本書で言うマネジメントを行うリーダー層とは、園長や副園長だけを指しているのではありません。保育の質向上のためには、ミドル（中堅）層の役割が重視されているのです。それは、**ミドルリーダーが組織においてより良い役割を果たしているかどうかが、保育の質向上ともつながっている**と考えられるようになってきたからです。これは、園内において、リスペクト型マネジメントの体制をつくるうえでも大きな基盤となると思われます。

日本で言うミドルリーダーとは、必ずしも特定の職位や経験年数によるものではなく、園長とほかの職員の間に位置し、リーダーとしての力量をもつ中堅保育者と捉えることができます（野澤ら、2018）。具体的には、主任･副主任、学年リーダー、クラスリーダーなどがそれに該当するでしょう。園の組織体制において、ミドル層をリーダーとしていかに位置づけるかがマネジメントの大きな鍵となります。

これまでの組織は図3の左のようなピラミッド型のようなものが一般的でした。

＊7：厚生労働省「保育所等における保育の質の確保・向上に関する検討会『議論のとりまとめ』」2020、P.11

それは、「階層的リーダーシップモデル」と言うものです。それに対して、流動的にリーダーとフォローする人が入れ替わる体制を「分散型・協働的リーダーシップモデル」と言います。**保育の場におけるリーダーシップはこの「分散型・協働的リーダーシップモデル」が有効だと言われています**[*8]。さらに最近では、「階層的リーダーシップ」と「分散型・協働的リーダーシップ」を必要に応じて使い分けて組織を運営する**「ハイブリッド・リーダーシップ[*9]」が注目されています。**本書の多くの事例からもこの両者が上手に使い分けられていることがわかります。どちらにせよ、中堅層の職員が園の保育の一端を担うリーダーとして当事者の自覚をもち、その持ち味が発揮され、共に支え合い、リスペクトし合う、質を高める組織形成が求められているのです。

6 組織改革の4つの視点

本書では、保育の質を高めるリスペクト型マネジメントによる組織改革を行ううえで、次の４つの視点（図４）から考えていきたいと思います。

語り合う風土・ミッションの共有

保育の質の向上と人材育成を考えるうえで重要な第一の視点は、「語り合う」風土にあります。職員間で経験年数や立場を問わず、気軽に子どもの姿を語り合うことができる雰囲気があることです。そこから、ミッションの共有も生まれます。そのためには、「オープンな組織文化」

図４　リスペクト型マネジメントによる組織改革の４つの視点

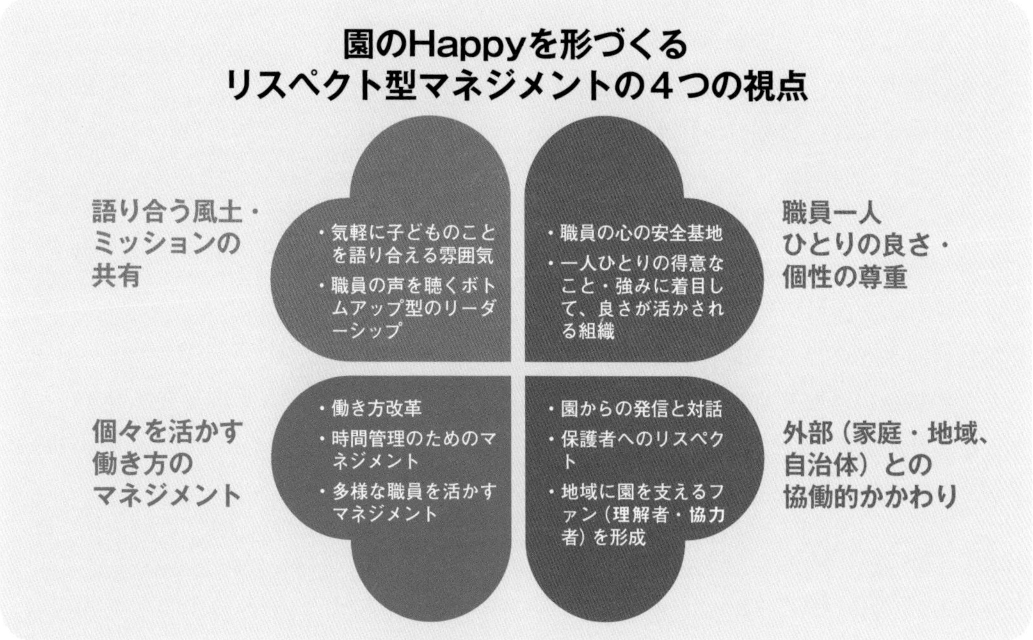

＊8：イラム・シラージ、エレーヌ・ハレット著、秋田喜代美監訳・解説、鈴木正敏、淀川裕美、佐川早季子訳『育み支え合う保育リーダーシップ　協働的な学びを生み出すために』明石書店、2017

＊9：野澤祥子、淀川裕美、佐川早季子、天野美和子、宮田まり子、秋田喜代美「保育におけるミドルリーダーの役割に関する研究と展望」東京大学大学院教育学研究科紀要、第58巻、2018

をつくる必要があり、トップダウン型ではなく、**職員の声を聴くボトムアップ型のリーダーシップ**が求められるでしょう。

職員一人ひとりの良さ・個性の尊重

第二には、職場が職員にとっての「心理的安全性」が保障される場であることです。子どもと同様に、大人もその場が心の安全基地となっていなければ、仕事への意欲や喜びは生まれません。そこで重要なことが、職員一人ひとりの良さや個性が重視されることです。その人の得意なことが活かされ、自分の存在意義が実感できる職場であることが求められます。マイナス面が気になることが多いものですが、できるだけ**その人の強み、良さに着目**していくことが大切です。

個々を活かす働き方のマネジメント

第三には、**働き方の改革**です。保育の場は制度的に望ましい労働環境にはありません。そのうえ、時間外労働や持ち帰り仕事が多くては、疲弊し、仕事を意欲的に行うことは不可能です。そうしたなかでいかに保育の質を高めるか。そのための**時間管理のマネジメント**が求められます。さらに、保育の場は子育て世代や介護世代、あるいはパートタイム勤務の方など多様な職員が勤める場です。そのような**多様な職員個々を活かすためのマネジメント**が求められます。

外部（家庭・地域、自治体）との協働的かかわり

また、保育は単に園内の子どもと職員だけで行われるわけではありません。第四には、家庭や地域、自治体との協働的なかかわりです。家庭とのより良い連携が生まれるためには、園からの発信と対話が重要になります。**保護者が園の理解者・協力者（ファン）になっていくには、保護者へのリスペクトも重視**されるのです。さらに、保育の質を高めるためには、地域とのつながりも不可欠になってきます。新しい時代は、いかに地域の関係機関とつながりをもつかが鍵となります。それは、行政的な相談機関などに加え、近所の農家さん、商店街、動物園や美術館など専門家がいる場所、学校、等々です。いかに、**地域に園を支えるファンを形成する**かも大きな鍵です。

以上、この４つの視点を踏まえながら、リスペクト型マネジメントについて考えていきましょう。

参考文献

- 秋田喜代美、淀川裕美、佐川早季子、鈴木正敏「保育におけるリーダーシップ研究の展望」東京大学大学院教育学研究科紀要、第56巻、2016
- イラム・シラージ、エレーヌ・ハレット著、秋田喜代美監訳・解説、鈴木正敏、淀川裕美、佐川早季子訳『育み支え合う 保育リーダーシップ 協働的な学びを生み出すために』明石書店、2017
- 鈴木健史編著『MINERVA保育士等キャリアアップ研修テキスト⑦マネジメント』ミネルヴァ書房、2020
- 野澤祥子、淀川裕美、佐川早季子、天野美和子、宮田まり子、秋田喜代美「保育におけるミドルリーダーの役割に関する研究と展望」東京大学大学院教育学研究科紀要、第58巻、2018
- 野澤祥子「保育の質とその確保・向上のために」、保育所等における保育の質の確保・向上に関する検討会（第１回）資料2-3、2018
- 淀川裕美・野澤祥子・秋田喜代美「認定こども園におけるリーダーシップと園の取り組みに関する分析１―園長のリーダーシップに焦点を当てて―」、日本乳幼児教育学会第26回大会、2016

第2章

課題の発見とアプローチ

園では、そこにかかわる子どもも大人も、そして組織自体も日々変化しています。変化に伴って新しい課題が生まれますが、従来の保育方法や子どもの捉え方に固執し、マンネリに陥ってしまうと、組織は活気を失います。第２章では、リーダーが園の課題に気付き、「子どもの姿ベース」の保育への転換のために行った果敢なる改革のアプローチを具体的な事例から紹介します。

取材・コメント　大豆生田啓友

園を改革に導いた8つの実践事例 ~リスペクト型マネジメントの視点から

様々な園の課題を抱えたリーダーたちは、どのようにして園を改革に導いていったのでしょうか。
リスペクト型マネジメントの4つの視点から考えます。

表　園の課題と改革のためのアプローチ

ケース1 **外部研修の活用で、みんなが自分らしく挑戦できる職場に**

社会福祉法人順正寺福祉会
順正寺こども園（広島県広島市）

①園長の言葉が伝わらない
- ➔良さそうな研修を探して職員に勧める
- ➔職員の専門性をリスペクト

②熱意が空回りするミドルリーダー
- ➔研修を企画して、みんなで受講し、共通理解を深める
- ➔ミドルリーダーが自ら気付くように寄り添う

③同じ立場で話し合えない
- ➔みんなが同じ立場でチャレンジできる土壌づくり
- ➔職員会議を語り合う場に

ケース2 **行事の見直しをきっかけに語り合う組織へと成長**

学校法人亀ヶ谷学園
宮前幼稚園
宮前おひさまこども園
（神奈川県川崎市）

①保育者主導の保育を変えたい
- ➔具体的なイメージを伝え、みんなで大切にしたいことを確認

②保護者や職員にどう伝える？
- ➔写真を活用することが、保育観を伝えることにもなる
- ➔園長・副園長の協力体制が改革を推し進める

③職員だけでは対話が生まれにくい
- ➔視覚的なツールの活用が語り合いの土壌を育む
- ➔ミドルリーダーの個性が鍵に

ケース3 **「気付いたらすぐ実行」の行動力で職員一人ひとりが大切にされる働き方改革が実現**

社会福祉法人龍美
陽だまりの丘保育園（東京都中野区）

①目指す保育が共有できない
- ➔研修や園見学を通して目指す保育を共有
- ➔子どもの変化を見える化して、保護者に伝える

②園長1人で頑張ることの限界
- ➔職員を信頼、尊重して話し合える関係を築く
- ➔じっくり話せるリーダー会議を開催

③保育、書類、やることが多い！
- ➔職員の声、業務負荷を確認して、実情に合うように業務を軽減

ケース4 **職員集団や園の変容のためには複数のアプローチを継続的に**

学校法人さくら学園
さくら認定こども園
（栃木県宇都宮市）

①離職者が多いのはなぜ？
- ➔まずはほめて、励ますところから始める
- ➔園長と職員をつなぐ役割を担う

②「保育が難しい」とまた離職者増
- ➔みんなで一緒になって考え合える目標を設定

③保護者からの不満が噴出
- ➔保護者も主体的にかかわれる場づくり
- ➔子育て支援は親目線でつながり合える場に

下表では、様々な課題（①〜③）に対するアプローチ（➔）をリスペクト型マネジメントの４つの視点（右図）と併せて紹介しました。本書に掲載されたアプローチは、特に特徴的なものを取り上げていますので、４つの視点すべてが入っていないケースもありますが、実際の園の改革においては、４つの視点で園に必要なアプローチを考えていきます。

※表のアプローチは、右図の視点ごとに色分けされています。

語り合う風土・ミッションの共有
職員一人ひとりの良さ・個性の尊重
個々を活かす働き方のマネジメント
外部（家庭・地域、自治体）との協働的かかわり

ケース5
子ども主体の保育の実現のため外部研修、公開保育など外部の力を積極的に活用

学校法人横浜アイリス学園
幸ヶ谷幼稚園（神奈川県横浜市）

①保育者主導の保育に疑問なし
- ➔職員と一緒に子ども主体の保育を学ぶ
- ➔課題から目標設定を行う

②思うように進まない改革
- ➔思い切って公開保育へ立候補
- ➔外部研修の活用から園内研修へ

③子ども主体の保育、これでいい？
- ➔廃材コーナーの設定で手応えを得る
- ➔保護者の意見から、保育がさらに充実

ケース7
「園長机の撤去」に象徴されるフラットな関係を目指す改革でみんなが主体になれる組織へ

社会福祉法人鐘の鳴る丘友の会
認定こども園さくら（栃木県栃木市）

①子どもも保育者も主体でない保育
- ➔一人ひとりを大切にする育児担当制の導入
- ➔職員室を「雑踏感」のある話しやすい場に改造

②主体性と同僚性が育たない
- ➔保育計画・記録を大きく変える
- ➔ICTの活用で情報をオープンに

③保護者の都合のPTA組織
- ➔新しい保護者組織の立ち上げ
- ➔保護者との信頼関係を築くプロセス

ケース6
保育の課題を受け止め、一人ひとりの職員が主体的にかかわることで改革を実現

社会福祉法人杉の子保育会
ひだまり保育園（東京都世田谷区）

①保育がパターン化してしまっている
- ➔主任と2人で様々な研修に参加
- ➔異年齢保育への転換を再提案

②安全管理の徹底で職員が萎縮
- ➔外部講師から伝えてもらう
- ➔付箋で少しずつ語り合う関係を育てる

③保育の質向上のために仕事が多い
- ➔時間をつくるために書類を簡素化
- ➔一人ひとりがマネジメントの意識をもつ

ケース8
多様な経験をもつ保育者が集まった新園で園の理念を再構築する

学校法人あけぼの学園
あけぼのほりえこども園（大阪府大阪市）

①「あけぼのらしさ」ってなんだろう
- ➔自分の思うようにやってみる
- ➔QDタイムを始める

②非効率をよしとする風土
- ➔業務時間を可視化する
- ➔事前に会議の議題を共有する
- ➔プロとしての仕事を見極める

③新園の魅力をどう伝えるか
- ➔地元連合会と話し合う
- ➔保護者への丁寧な説明

各ケースの詳細は次のページから

外部研修の活用で、みんなが自分らしく挑戦できる職場に

社会福祉法人順正寺福祉会 順正寺こども園（広島県広島市）
園長・伊藤唯道先生

園の概要：広島市中区の海側の住宅街にあるお寺が母体の認定こども園。1954年に50名ほどの保育園として開設、翌年認可保育園に。2017年より幼保連携型認定こども園へ移行。伊藤先生は10年ほどの副園長を経て、園長に就任。１号認定15名、２号認定35名、３号認定45名

①
十数年前、園長に就任。
保育の見直しを進めようとしたところ…
子ども主体の保育が大事！
うちの保育を変えないと！
ね!!
ね!!
主任
はぁ…
副主任

②
アプローチ１　外の情報を有効活用
話が伝わらない…
ここは外部の研修に
助けてもらおう
こんな研修があるよ
行ってみたら？
いいですね！
研修
○○○園

③
ところが…
あれあれ
おかしな雰囲気に…
子ども主体の保育のためには、
○○するべき！
○○しないと！
は…はい…
ムリ…

④
アプローチ２
「同僚性」の大切さへの気づき
保育の質向上には
同僚性が大事？
これだ！
大豆生田先生
の報告書

⑤
主任たちが自ら気付くことに
研修を受けて
子どもの主体性を
大事にするのと同じで、
職員の主体性も大事だと
気付きました
うんうん
ありがとうね！
だよね！
だよね！
ハイ

⑥
アプローチ３
みんなが同じ立場で語り合える職員体制へ
わあ、いいね！
先生たちを
リスペクト！
さすが！
これとか…
これ見てください
へぇ～
おもしろいね！

課題1 園長の言葉が伝わらない

保育を変えたいのに職員に言葉が届かない

課題の発見

十数年前、先代から継承する形で副園長から園長に就任した伊藤先生。保育の経験はなく、いろいろな研修に通ったり、園見学したりしながら、どんな保育を目指していくかを模索していました。多くの優れた保育実践にふれたことがきっかけとなり、「保育を変えなければ！」という思いに駆られます。しかし、「こんな保育があるよ、こんなふうに変えていこう」と言葉でいくら説明しても、ミドルリーダー層の主任や副主任には全く響かなかったのです。伊藤先生は、目指したい保育が言葉でうまく伝わらないことに長い間悩んでいました。

外部の力を活用

リーダーの気づき

保育の経験がない自分には伝える力が足りないと感じて、悩んできました。
いろいろ考え、試した末、自分の言葉では伝わらないなら、
外部の力を借りればいいのではないか、と気付いたんです。

良さそうな研修を探して職員に勧める

アプローチ

ここでの視点！ 外部（家庭・地域、自治体）との協働的かかわり

上から意見を押し通すタイプではなく、まだ保育に対する自信もなかった伊藤先生は、謙虚に自分がわかってないことを認め、良さそうな外部研修を探しては職員に「こんな研修があるよ」「行ってみる？」などと勧めていくというスタイルをとっていきました。

職員の専門性をリスペクト

ここでの視点！ 職員一人ひとりの良さ・個性の尊重

園長就任当初は、伊藤先生にも「園長という役職だから」という気負いがなかったわけではありませんでした。しかし、ミドルリーダーたちは現場を熟知した専門家。いくら役職があっても自分は現場経験はないのだからと、ミドルリーダーたちを尊重し、その後の分散型リーダーシップの組織のベースとなっていきました。

リーダーの振り返り

本人が自分の中から実感として保育を変えようと思わない限り、
やらされたように感じてしまうのだと思いました。
これまでは経営のことばかり学んでいた自分が、
保育者から子どものことを語り合うおもしろさを教えてもらった気がします。

リスペクト型マネジメントの視点

レイヴとウェンガーの「正統的周辺参加論」* で言えば、子どもをおもしろがる文化に伊藤先生が一緒になって参加しているということですね。子どものおもしろさを発見して、子どもをリスペクトするのと同時に、職員たちのその発見をもリスペクトしているのです。ここが鍵ですね！

＊：ジーン・レイヴとエティエンヌ・ウェンガーによって提唱された概念で、実践共同体への参加の度合いが増すことが学習であると捉える考え方。

課題 2 熱意が空回りするミドルリーダー

ミドルリーダーの熱意が空回りして職員が萎縮

課題の発見

外での講習を受け、「子ども主体の保育」へ変えていこうと主任・副主任が熱心に取り組んでくれて、リーダーシップを発揮していきました。しかし、一生懸命さゆえの発言の強さも生まれてしまい、「私たちが教えなければならない」ととらわれ始めたことで、職員たちがミドルリーダー層の顔色をうかがうような雰囲気になっていきました、また、職員は子どもを見ることよりも、「保育の正解」探しをするようになっていきました。その結果、保育は良くなるどころか退職者も増え、一時期はピンチの状況になりました。

同僚性の大切さを痛感

リーダーの気づき

主任や副主任は一生懸命「子ども主体の保育」を推進してくれていたのに、逆に職員たちは萎縮してしまっていました。「同僚性」の大切さを痛感しました。

研修を企画して、みんなで受講し、共通理解を深める

アプローチ

ここでの視点！ 外部（家庭・地域、自治体）との協働的かかわり

大豆生田先生の論文＊を読み直し「同僚性」の大切さを確信した伊藤先生。これからはどの園でもこういう視点が重要と考え、自身が所属する保育団体で同僚性についての研修を企画し、園のみんなで受講することで、同僚性の大切さを共有していきました。

＊：大豆生田啓友ほか「保育・子育て総合研究機構報告書　保育の質を高めるための取り組みの具体的提案：『保育の質を高めるための体制と研修に関する研究』報告書」全国私立保育園連盟編、2011年

ミドルリーダーが自ら気付くように寄り添う

ここでの視点！ 語り合う風土・ミッションの共有

研修を受講したことで、ミドルリーダーたちも大きな気づきを得ることになりました。これまでの進め方を見直し、劇的に保育が変わっていきました。主任・副主任が勇気をもって自分たちのやり方を改善しようと思えた背景には、「方向性をこう変えてほしい」と指示するのではなく、主任たちの葛藤のプロセスに寄り添ってきた園長の存在がありました。

リーダーの振り返り

ミドルリーダーたちが自分で同僚性の大切さに気付いてくれたことに驚きました。園長として決断すべきこと、厳しく言わなければいけないことはやっぱりあります。でも、同僚性が広まり、私もさらにフラットにみんなと接するようになりました。

マネジメント・キーワード

【職員の葛藤に寄り添えるリーダー】

ミドルリーダー層の熱意が空回りしている状況でも、伊藤先生は性急に答えを出すことはせず、ミドルリーダーたちが自分で気付いていけるように、さり気なく外部研修を提案しました。職員の葛藤にじっくりと寄り添うこと、成長する機会を奪わないことは、リスペクト型マネジメントの要の1つです。

課題 3 同じ立場で話し合えない

正職員と臨時職員の間の情報伝達、関係性に課題

課題の発見

保育園時代には、正職員の枠に限りがあり、正職員と業務内容はほぼ同じなのにパートという臨時職員もいました。

正職員が休みの時にパート職員が保育に入り、その内容を連絡帳などを使って伝達するよう努めていましたが、週に３日しか勤務しないパート職員もいたりしたので、なかなかきちんと共有できず、その結果、保育や人間関係のいろいろな部分に齟齬が生じていました。

人事面の改革をリーダーシップを発揮して決断

リーダーの気づき

みんなが同じ勤務形態（正職員）になれば、
風通しが良くなるのではないかな。経営面ではぎりぎりかもしれないけれど、
認定こども園にも移行するし、ここは思い切ってやってみよう！

みんなが同じ立場でチャレンジできる土壌づくり

アプローチ

ここでの視点！ 個々を活かす働き方のマネジメント

伊藤先生は、保育内容の面では職員のやり方を尊重しながらも、園長の立場でやるべきことには強い意思をもって取り組んでいきました。その１つが、職員をできるだけ同じ立場にするために正職員を増やすこと。ほぼ全員が正職員という組織に変えていきました（パート職員は、自分の希望でパートを選んだ70代の職員のみ）。この先行投資によって、いろいろな改革にチャレンジできる土壌ができました。また、職員同士の関係が良くなり、人が辞めない職場になるとともに、求人で困ることもなくなりました。

職員会議を語り合う場に

ここでの視点！ 個々を活かす働き方のマネジメント

風通しの良い職場になったことで、園のみんなで子どものことを語り合うのが楽しくなっていき、保育も変わり、おのずと職員会議の場も変化していきました。問題の解決を議論する場ではなく、子どものことを語り合う場になりました。

また、記録や書類の形式についても、「もっとこういうものだと子どものことが見えるかも？」と、年度の途中でも職員から声が上がるようになって、見直していきました。

リーダーの振り返り

記録や書類が劇的に変わったのは、保育が変わってからです。
「去年と同じように」「こうでなければならない」という
制約から解き放たれて、みんなで話し合って、
「子どものことを考えるとここは要らない」というところは、
いい意味でバッサリ切れるようになりました。

改革の過程での保育者の本音

**保育を改革していく過程で、保育者たちは
どのようなことを感じていたのでしょうか。
葛藤や苦労した点、良かった点や手応えなどを紹介します。**

指導保育教諭　本田智秋先生（保育歴23年）

外部研修での学びをきっかけに、職員が安心して意見を言える雰囲気づくりや、「子どもにとって」という視点で対話することを心がけてきました。自らの職員に対する見方やかかわり方を見直していくことによって、職員の姿や心もちは明らかに変化していきました。目の前の子どもの姿から次の環境構成に必要なものはなんだろうと、職員同士でワクワクしながら語り合い、互いに協力し、助け合うチーム力も向上しています。そのような職員の姿が、私の学び、そして、やりがいとなっています。このような相互的な育ち合いが私たちの士気となり、それが子ども主体の保育に改革するうえで、とても大きな原動力になっていると実感しています。今後も、共に育ち合う風土の構築に努め、職員と共に子どもの育ちを支えていきたいです。

保育教諭　前田果澄先生（保育歴８年）

保育を変えていくなかで、どうやって保育をしていったらいいか不安でした。私自身「正解を見つけなきゃいけない」と焦り、意見することも少し苦手に感じていました。しかし、園内研修で、保育や行事のことを語り合う機会が増え、少しずつ自分の意見を伝えることができるようになっていきました。そのなかで「先生の、子どもの気持ちを受け入れるところっていいよね！」等と周りの保育者から、私の良さを認めてもらい、それが自信となり、もっと対話したいという思いが出てきました。みんなで対話することで、１人では気付けなかった子どもの姿を知ることができ、職員同士で気兼ねなく語り合う大切さを実感しました。このように対話を通して子どもを理解していくことが、子ども主体の保育につながっていくと感じています。

リスペクト型マネジメントの視点（まとめ）

リーダーシップのあり方も様々ですが、伊藤先生は上からの強いリーダーシップを発揮されるタイプではありません。先生ご自身、それがあまり上手ではないことが、むしろ強みだと言っていました。

その分、先生は現場の先生たちの声を聴き、一緒に考え、一緒に試行錯誤し、一緒に喜び合うなど、寄り添うようなマネジメントをしてこられたのです。職員から強い信頼を得ているのは、まさにそこだと思いました。

さらに、上手だと思ったのは、外部研修の活用です。外部研修にミドルリーダーを誘い、そこから生まれた課題意識に寄り添って、一緒になって考えています。園内だけでの改革が難しい場合、いかに外の力を使うかはとても大切です。この園の大きな改革は、子ども主体の保育への転換ですが、そのためには職員同士が互いの存在をリスペクトし合う関係をつくっていくことが不可欠と考え、試行錯誤を行ってきたことが大きかったのだとわかります。

だから、職員みんなが自分らしく、子どもの姿からの様々な挑戦ができているのです。そして、職員が「保育が楽しい」と感じ、現在は辞める職員がほとんどいないそうです。保育の質の向上と、人材育成のマネジメントが相関していることがよくわかります。

職員の声を聴き、一緒に考え、試行錯誤し、喜び合う「寄り添うマネジメント」と「外部研修の活用」で、みんなが自分らしく挑戦できる職場に！

行事の見直しをきっかけに語り合う組織へと成長

学校法人亀ヶ谷学園
宮前幼稚園・宮前おひさまこども園（神奈川県川崎市）
副園長・亀ヶ谷元譲先生

園の概要：神奈川県川崎市宮前区に最初にできた幼稚園。1961年に開園。2018年より幼稚園型認定こども園（宮前幼稚園）、幼保連携型認定こども園（宮前おひさまこども園）へ移行。亀ヶ谷先生は他園での勤務を経て入職し、保育者、主任を経て現職。宮前幼稚園：定員386名、宮前おひさまこども園：定員90名。

❶
認定こども園となり、理想の保育を目指す
子どもが主体的に考え、参加できる行事にしたい！
亀ヶ谷先生
でも、なかなか保育に入れなくて、ごめんね！

❷
後日、運動会の練習で…
はーい、みんな、並んで！
ほらこっち!!
あーしてこーして
え！ それって、教え込みでは…
もう遊んでいい？
疲れたー

❸
ミーティングにて
指導的にならないで、もっと柔らかくできないかな？
私たちどうすればいいんですか！
わかりません！
えー…、伝わってない!?

❹
アプローチ１
イメージを共有
先輩園のDVD
こんなイメージでできるといいよね
感動して涙ぐむ保育者たち
すごいですね！やってみたいです

❺
アプローチ２
写真を使った見える化
スライドで紹介
園ではこんなことを大切にしています
入園させたいわ
子どもたち、楽しそう
←園長先生

❻
アプローチ３
視覚的なツールの活用で語り合いも盛り上がる
Aちゃんがこんな遊びをしてました
語り合い、深まっているね
おもしろそうね

課題1 保育者主導の保育を変えたい

自分が理想とする保育を職員と共有できていない

課題の発見

以前の運動会では、外部講師が組体操の指導を行い、保護者もそんな運動会を期待していました。亀ヶ谷先生は研修などで学ぶなかで、大人が教え込んでやらせるのではなく、子どもが自分で考えることを大切にしたいと考えました。「組体操」から「身体表現」に名称を変更し、半分の種目は自分たちで考えてみることを職員たちに提案。しかし、認定こども園へ移行準備の年で、亀ヶ谷先生はあまり保育に入れない状況でした。ある日、練習を見に行くと職員たちは指導的で固い雰囲気だったので、「身体表現なのだからもっと柔らかく」と伝えたところ、運動会直前、5歳児担任から「私たちどうすればいいんですか!?」と抗議がありました。

具体的なイメージを共有することの必要性

リーダーの気づき

子どもが主体的に考え、参加できる行事に変えていきたいことは、
先生たちも理解してくれていると思っていましたが、
リーダーとして十分にイメージを伝えられていなかったことに気付きました。

具体的なイメージを伝え、みんなで大切にしたいことを確認

アプローチ

ここでの視点！ 語り合う風土・ミッションの共有

反省を翌年に活かし、亀ヶ谷先生は子ども主体のすてきな運動会に取り組まれている園の実践DVD*を職員たちと一緒に観ることにしました。その時に、競技の方法ではなく、どんなことを大切にしながら運動会に向かっているか、という点を見ていくことにしました。映像を観て、主体的に活動する子どもたちの姿に感動した職員が涙する姿がありました。

初めての取り組みで職員たちの不安も大きかったので、実際に自分たちでその競技をやってみることにしました。また、形だけを参考にするのではなく、自園では競技を通してどんなことを大切にしたいかを語り合い、子どもたちに育ってほしい部分を確認し合いました。

*：大豆生田啓友・中坪史典編著『映像で見る　主体的な遊びで育つ子ども』エイデル研究所、2016

リーダーの振り返り

全国の魅力的な保育を実践されている園のブログなどをチェックし、メモして勉強していました。すてきだと思った保育を先生たちと共有したいと思ったのですが、先生たちが涙する姿を見て、「先生たちと一緒に変えていける！」と確信しました。

リスペクト型マネジメントの視点

行事の見直しは課題の1つです。コロナ禍でその必要性を感じた園も多いことでしょう。亀ヶ谷先生は、魅力的な園のモデルを示すことで、自分たちが具体化したい方向性を共有できたのです。子どもや職員にとって少し負担が大きかった行事が変化し、同時に保護者の理解も得られました。従来の運動会は保護者のニーズも高く、それを変えることは経営的な面にも影響を与えますから、大きな決断だったでしょう。でも、リーダーが決断し、職員に伝えるということが、こういう場面ではとても大切ですね。それには入念な計画も必要です。

課題2 保護者や職員にどう伝える？

園長の保育観が保護者や職員に伝わっていない

課題の発見

父親である園長の忠宏先生の保育に対する考え方を亀ヶ谷先生はリスペクトしていました。しかし、他園での保育者修業の期間を終えて、実家の園に戻ってみると、入園説明会での園長先生の説明が保護者に十分に伝わっていないことに戸惑いました。

また、園長先生が方向性を示しても、保育チームとしてうまく機能していないことも見えてきました。そんな状況に反発し、園長先生と険悪になった時期もあったのですが……。

保育観を伝えるために園長の特技を活かしたい

リーダーの気づき

園長の保育観が、保護者や先生たちにしっかりと伝わっていないことに焦りを感じました。
そこで、園長が日頃から撮りためてきた子どもや保護者のすてきな写真をもっと活かせばいいのではないかと考えました。

写真を活用することが、保育観を伝えることにもなる

アプローチ

ここでの視点！ 職員一人ひとりの良さ・個性の尊重

亀ヶ谷先生は、園長先生が日々撮りためているすてきな写真がもっと活かされるべきだと考え、子どもについて語り合う時や保護者への発信、職員面談の時などに活用することにしました。園長先生の得意なことを活かそうとしたのは、父親の保育観をリスペクトし、つないでいこうとする、後継者のマネジメントとも言えるでしょう。（3章P.74参照）

園長・副園長の協力体制が改革を推し進める

ここでの視点！ 個々を活かす働き方のマネジメント

園長先生にも保育を変えたいという思いはありましたが、1人では変えられなかった部分を、職員と年齢や距離が近い亀ヶ谷先生から提案することで、職員もやってみようという雰囲気になっていきました。亀ヶ谷先生のいろいろな改革を園長先生も後押しするという形の協力体制が築かれていきました。

写真を使った複数のツールで発信されるようになり、「見える化」によって職員たちも子どものすてきな姿や育ちを語れるようになっていきました。また、写真での発信が保護者の心をつかみ、入園希望者も増加しています。

リーダーの振り返り

園長をリスペクトしているとはいえ、意見がぶつかることもありました。
同族経営では、親とけんかしていない人はまずいないですよね。
どの園でも悩んでいると思いますし、私自身も園長に反発した時期はありました。
でも、同族経営の弱みではなく、強みのほうに注目したいと考えてきました。
園長は私が保育を変えることに理解を示してくれて、任せてくれています。
これからも、協力体制で一緒に保育を変えていけたらと思っています。

課題 3 職員だけでは対話が生まれにくい

職員同士の語り合いが生まれにくい

課題の発見

園長先生と職員たち、また、職員たち同士のつなぎ役をしてきた亀ヶ谷先生。様々な相談を受けるなかで、職員たちとの関係性もできてきていました。しかし、自分が間に入らないと保育をより良くしていこうという語り合いが起きていないという課題に気付きました。子どもの姿を通した語り合いはどうすれば生まれてくるのでしょうか。

ドキュメンテーション作りが突破口になりそう？

リーダーの気づき

運動会の準備期間、動画を見ながら保育を振り返る時間を大切にしてきました。
子どもと保育者が一緒になって工夫した新しい種目について、
ドキュメンテーションで発信したのですが、それがとてもすてきだったんです。

視覚的なツールの活用が語り合いの土壌を育む

アプローチ

ここでの視点！ 個々を活かす働き方のマネジメント

職員たちは、ドキュメンテーション、保育ウェブなどのツールで、運動会の活動に前向きになれない子どもが、仲間と一緒に取り組むことで自信をもって臨むことができるようになっていく姿を捉え、発信しました。ツールを活用することで、職員間で子どもの姿を通した語り合いが盛んに行われるようになり、今後の環境づくりにも自然と話が及ぶようになりました。

ミドルリーダーの個性が鍵に

ここでの視点！ 職員一人ひとりの良さ・個性の尊重

語り合いが促進されたもう1つの鍵が、ミドルリーダーの存在でした。学年主任のクラスに若手保育者を配置したことで、主任は業務軽減に加え、若手の視点から気付かされることもあったり、若手は経験豊富な主任の保育を知る機会となったり、相乗効果が生まれました。

立場は違えども、子どもを介して話し合うことで、関係性がフラットになります。若手が話しやすい雰囲気をつくれる頼りになる主任が園に定着し、職員層の厚みが増しています。

リーダーの振り返り

写真を使った記録を通した語り合いや、職員の配置を工夫することで、
語り合いが盛んに行われるようになっていきました。
ミドルリーダーが威圧的だったりすると若手も萎縮してしまうので、
ミドルリーダーの個性や良さが大きく影響していると思います。

マネジメント・キーワード

【人と人をつなぐ架け橋となるリーダー】

園長先生と職員たち、また、職員たち同士をつなげる意識をもってきた亀ヶ谷先生。価値観や考え方が伝わりにくい職員間をつなげるためには、双方への共感的なまなざしも必要となります。また、自分だけが間をつなぐのでなく、つなぎ役となるミドルリーダーの育ちを期待することも組織を活性化させる鍵です。

改革の過程での保育者の本音

**保育を改革していく過程で、保育者たちは
どのようなことを感じていたのでしょうか。
葛藤や苦労した点、良かった点や手応えなどを紹介します。**

全体主任（主幹教諭） 佐藤友佳先生（保育歴13年）

行事の見直しでは初めての取り組みに対して、先生たちの経験年数や性格によって受け止め方に違いがありました。「やってみたい！」とおもしろがる先生もいれば、「どのように進めていけばよいだろう？」と不安に感じる先生もいました。先生たちの不安感に寄り添いながらも、活動に取り組んでいる子どもたちの様子を動画に撮り一緒に見たり、子どもの声を担任に共有したり、子どもの姿を語り合うことを大切にしました。また、学年主任とは一緒に運動会に向けての見通しを立てながら進めていきました。立場や経験年数に関係なく、チームで保育をすることへの心強さを感じてもらえるよう、一人ひとりに寄り添ったフォローをしていくことで、先生たちが発見した子どものすてきな姿が生き生きと語られるようになってきました。

5歳児担任・学年主任 沖永なつみ先生（保育歴８年）

新しい行事の取り組みに対し期待する反面、ミドルリーダーとして何かできることはあるのかと不安が大きかったです。そんななか、全体主任の先生方が写真や動画を用いながら、子どもたちのエピソードを率先して共有してくださり、子どもたちのおもしろさや育ちに気付くことができました。同時に、担任の先生たちも「自ら語り始める」ことが多くなってきたように感じます。リーダーとして、正解を示すのではなく、先生同士で子どもについて語り合える雰囲気をつくることが何より大切なのだと学ぶことができました。

また、子どもたちが自分自身で考え、友だちと刺激を受け合いながら試行錯誤する姿に驚かされる毎日でした。一人ひとりの自信も深まり、子どもたちにとっても保育者にとってもこの行事の改革は大きいものでした。

リスペクト型マネジメントの視点（まとめ）

副園長である亀ヶ谷先生が園の改革を始めた発端は、職員の離職率の高さから危機感をもったことにあったと以前にお聞きしました。離職率の高さは園経営の根幹にかかわる問題です。

そこで始めたのが、一人ひとりの職員の声を聴き、支え合う同僚性をつくっていくことだったということです。

今回の事例では特にミドルリーダー（学年主任）の役割を上手に活用していることがわかります。ミドルリーダーが若手保育者と組むことで、若手保育者が自分らしさを表現して活躍できるような体制をつくっている点が素晴らしいところです。ここに、園全体をマネジメントするリーダーである副園長の役割が発揮されていますよね。

また、今回のインタビューで語られた「行事の見直し」が改革の鍵となっています。そこでは、モデルとなるような園の取り組みを映像で共有することや、写真などを使ったドキュメンテーション、保育ウェブなどの視覚的なツールを上手に活用して行事を変えていったことがわかります。子ども主体の保育が深められている園の多くが、写真などの視覚的なツールを上手に取り入れることで、対話を豊かにしていることが特徴的です。

危機感をバネに、職員一人ひとりの声を聴き、支え合う同僚性を構築。行事の見直しやミドルリーダーの活用、視覚的なツールの導入等も改革の鍵に！

「気付いたらすぐ実行」の行動力で職員一人ひとりが大切にされる働き方改革が実現

社会福祉法人龍美 陽だまりの丘保育園（東京都中野区）
園長・曽木書代先生

園の概要：東京都中野区の公立保育園の民設民営化に伴い、２園の公立保育園の園児の約７割を受け入れ、2008年に、陽だまりの丘保育園（０～５歳児、定員123名）、翌年徒歩約10分の距離に分園ふたば（０～３歳児、定員41名）を開園。

①
2008 年 4 月、
公立園の民営化で新園がスタート
先の見通しがもてず、職員が園の保育を理解できていない
異年齢保育って
どうやればいいの？
日々のことで
私も精一杯

②
アプローチ 1
話し合う機会を増やす
こんな保育、すてきだね
みんなはどう思う？
見学してみたい

③
保護者にも子どもの
変化を伝える
A くん、
小さい子に
優しいんですよ
あら
そうなんですね

④
2年目に園長に就任
ずらーっ
あのー
みんなの話を聞かなきゃ…
（あと何人と…？）

⑤
ピンチはチャンス！
１人でやるのは
限界がある
保育者にこそ
力があるはず…！
ふむ
ふむ
カウンセリング入門

⑥
アプローチ 2
リーダー層を信頼して任せる
任せてみたら、副園長、主任、
副主任、クラスリーダーが活発に発言
先生たち、
すごい！
うんうん
この研修が
受けたいです
書類の見直し
しましょうか？

⑦
主体的な職員集団になったけれど、
また課題が…
ポートフォリオが
書ききれない…
みんな働き
すぎてるな…
私も…
クラ
頑張りすぎて
疲れました

⑧
アプローチ 3
働き方改革に着手!
いろいろな改革で
余裕が出てきた保育者たち
来月、連休取らせて
いただきますね！
私もお休み取ろう
どうぞ♪ どうぞ♪
先生たち、
いい顔してる！

課題1 目指す保育が共有できない

民設民営化の新園で目指す保育が共有できていない

課題の発見

2008年、中野区の公立保育園２園が閉園し、その子どもを約７割引き継いで、陽だまりの丘保育園は開園しました。当時、曽木先生は副園長。園長の下で異年齢保育に取り組み始めましたが、急な民営化に不安を感じている保護者が多く、公立園とは全く異なる異年齢保育を進めていくことに難色を示す方もいました。

また、職員も全員が新卒か中途採用という状況。曽木先生自身も副園長として事務は一手に担う分、保育は少しずつ勉強させてもらうつもりで４月を迎えていたため、今後の見通しがもてず、自分たちがやりたい保育をはっきりとイメージできていない状況でした。園が目指す保育の共有が課題となっていました。

話し合いの時間を捻出

リーダーの気づき

とても順調とは言えないスタートでした。
まずは何よりも職員や保護者と話し合うことが大事だと、
そのための時間を捻出しました。

研修や園見学を通して目指す保育を共有

アプローチ

ここでの視点！ 語り合う風土・ミッションの共有

話し合いといっても、最初は保護者のクレーム対応などで疲労困憊していた職員の陳情を聞くことが中心でした。徐々に余裕も生まれ、本や研修などで勉強して、すてきだと思う保育を見つけては職員にも伝え、職員と一緒に園見学に行ったり、同じ研修を受けてみたりするなど、語り合いの内容も前向きなものに変化していきました。伝えることを通して自分の考えを明確化して、数年かけてやりたい保育のイメージをみんなで共有することができました。

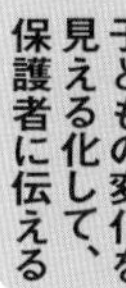

子どもの変化を見える化して、保護者に伝える

ここでの視点！ 外部（家庭・地域、自治体）との協働的かかわり

異年齢保育に不安を感じていた保護者には、子どもの姿がどのように変わってきているかを伝えることで、保育に理解を示してくれるようになっていきました。ここでも「見える化」がポイントでした。そして、子どもたちから、「保育園が楽しい！」という話が保護者にも伝わり、保護者との信頼関係が深まっていきました。

リーダーの振り返り

子どもの思いやつぶやきを拾って、それらが形になるような、寄り添う保育ができたらいいねと、職員と共有してきたことがいちばん大きかったと思います。
いろいろな園を見学させていただいたり、職員と同じ研修を受けたりして、「ここがすてき」と共有でき、目指す保育のイメージが湧くようになりました。
見学できる人数に制限がある時は、リーダー層と同行して、イメージを共有し、何か1つでもやれることを考えて、すぐに現場で実践していましたね。
丁寧な保育のために、人的環境、物的環境を一つひとつ見直していきました。

課題 2 園長1人で頑張ることの限界

園長1人の力では目指す保育を実現できない

課題の発見

開園２年目に園長に就任した曽木先生は、新設園を軌道に乗せ、質の高い保育を実現するために、無我夢中で働き続けました。60人の職員の話を聞き、それぞれのモチベーションが高まるよう尽力しましたが、頑張るほどに自分1人の力の限界を感じるようになりました。

職員にこそ力があると気付く

リーダーの気づき

なんでも自分がやらなければと懸命に進んでいきましたが、うまくいかず、私が１人でやることの限界に気付き、壁に突き当たってしまったのです。その時、本当の意味では職員を信頼していなかったのではないかと反省しました。一人ひとりの職員の大切さを痛感し、「職員にこそ力がある」と気付いたのです。

職員を信頼、尊重して話し合える関係を築く

アプローチ

ここでの視点！ 職員一人ひとりの良さ・個性の尊重

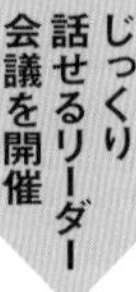

曽木先生は様々な本や研修などから学ぶうちに、職員を信頼、尊重しながら組織をつくることの大切さに気付きました。特に重要視したのがリーダー層との対話です。相手を知るために自分からたくさん質問をして、日常的なコミュニケーションを意識していきました。

また、困ったことの相談でなくても会話ができることや、問題が起きた時、本人を責めるのではなくみんなでどうしようかと共に考え合えるような関係性を目指していきました。

じっくり話せるリーダー会議を開催

ここでの視点！ 個々を活かす働き方のマネジメント

仕組みとして変えた点は、月１回、５～６時間ほどかけたリーダー会議の実施です。そこでは、副園長、主任、副主任、各クラスリーダーが課題をもち寄ります。書類の見直し、職員育成、人事など様々な課題が取り上げられ、園のあり方を決めるうえでの鍵となっています。

リーダーの振り返り

リーダー会議は、「ここが弱いからこんな研修がしたい」といった申告や、新人や若手、サポートが必要な職員の相談に対してみんなが意見を伝え合うなど、様々なことについてみんなで話し込むための、とても重要な場だと思います。

リスペクト型マネジメントの視点

陽だまりの丘保育園のリーダー会議は、本園では午後を全部使い（５～６時間）、分園では２～３時間ずつ２回に分けて、それぞれ月１回行っているということでした。インタビューの中で曽木先生自身はこれを普通のことだと思っていましたが、とても大きな特徴だと言えるでしょう。つまり、園の中核です。会議の内容には、園のマネジメント層が検討するべき大事なことがほとんど入っています。１人の力の限界を感じた時に、本当に大事なのは職員、そしてその中でもリーダー層との対話が特に重要だと気付いたと言う曽木先生ですが、このような会議を毎月されていることは、かなりすごいことだと思います。

課題3 保育、書類、やることが多い！

頑張りすぎて みんなが疲弊

課題の発見

リーダー層との密な連携も生まれ、目指す子ども主体の保育や同僚性のあり方が見えてきたことで、もっと子どもたちのためにと、ポートフォリオやドキュメンテーションを作成し、職員間の語り合いなどをしようと、やることが増えていきました。若手にはポートフォリオ作りが負担だったり、保育者ごとに月案作成にかかる時間に差があったり、また調整役のリーダー層が頑張りすぎて疲弊してしまったりと、新たな課題も生まれてきました。

疲れていては 良い保育が できない

リーダーの気づき

「子どもたちのために」という思いで、みんなが頑張りすぎていました。
職員が疲れていては良い保育ができない。自分自身の働きすぎも反省点でした。
それで、働きやすい環境にしなければと、働き方改革に着手したのです。

職員の声、業務負荷を 確認して、実情に 合うように業務を軽減

アプローチ

ここでの視点！ 個々を活かす働き方のマネジメント

「気付いたらすぐ動く」がモットーの曽木先生。反省を活かして、職場改善、モチベーションアップのために、職員アンケートを実施し、職員の思いをくみ取るとともに、業務の負荷を確認していきました。実情に合った作業時間となるよう工夫したり、書類の書式の見直しを行ったり、ノンコンタクトタイムを確保することで、業務の軽減に取り組みました。また、有給カレンダーで、休みを見える化し、リーダーに連続のリーダー休暇を付与したり、有給取得目標を定めたりすることで、ほかの職員も休みを取りやすくなるように配慮しました。

リーダーの振り返り

雰囲気づくりが実はいちばん大事なのだと思いました。
保育室に入って、あれ、どうしたかな？と思う時は、先生たちがイライラしたり忙しくて慌てたりしている時が多かったような気がします。
先生たちの手本になるのはリーダー層ですが、リーダー層が見ているのは園長。
つまり園の雰囲気づくりの責任は全部園長にあるのだと、
反省も込めて思います。

マネジメント・キーワード

【学び続けるリーダー】

陽だまりの丘保育園は、みんなが「大事にされている」と感じながら働ける職場になっています。そのためには、園長が職員に任せる、職員を活かすということに丁寧に取り組むことが不可欠ですが、その根っこにあるのが、「職員にこそ力がある」という信頼です。曽木先生はコミュニケーション、コーチング、ファシリテーション、リーダー論などをたくさん勉強するなかから、自分なりに腑に落ちたその視点を得たと言います。リーダーの学び続ける姿勢が園を改革に導いていくのです。

改革の過程での保育者の本音

保育を改革していく過程で、保育者たちは
どのようなことを感じていたのでしょうか。
葛藤や苦労した点、良かった点や手応えなどを紹介します。

主任　間嶋利行先生（保育歴22年）

良いことはどんどん取り入れ、変化を楽しめる職員が自園の強みですが、大きな改革がある時には、デメリットばかりが目に入ったり、負担に感じたりする職員も少なくなかったと思います。今では当たり前に作成しているポートフォリオ（子どもの成長記録）ですが、保護者と子どもの育ちを共有するための文章能力、プロとしての視点を磨くこと、作成する時間の捻出などに不安に感じていた当時の職員たち。そんな時こそ見えてくるのが、園全体の課題であり個々の課題、安心感をもって取り組める信頼関係の構築でした。課題への向き合い方や仕事量の見直しなど、働きやすい仕組みを意識すると同時に、支え合える職員同士の関係づくりを行ってきました。そして、自分たちの改革の成功体験が、次への改革につながるのだと感じました。

幼児担任・リーダー　泉未来先生（保育歴16年）

開園当初、初めての異年齢保育や保育環境に戸惑っていると、すぐに悩みの解決に結びつくような園見学の場をつくってくれました。その後は、職員同士で切磋琢磨し、保育環境を改革する日々が続きましたが、そのスピードに自分がついていけているか不安もありました。しかしその都度、園長が職員の声を聴き、意見を取り入れてくれていました。私が保育に悩んでいると、園長から「楽しいこと、思い切りやってみたらどう？」とアドバイスをもらい、子どもの興味・関心に寄り添う保育の幅を広げるきっかけとなりました。業務的に言われるのではなく、職員のやる気を高めてくれるバックアップ体制があり、保育に関する挑戦の後押しをしてくれます。これからも、子どもの成長と共に、自分のできることを存分に発揮していきたいと思います。

リスペクト型マネジメントの視点（まとめ）

曽木先生のマネジメントのすごさは、実に職員を大切にしていることにあると感じます。いつも、職員と一緒につくっていこうという姿勢があるのです。インタビューからもそれが見えてきました。

そして、「こうありたい」という理念や芯がしっかりとありながらも、他者に対して実に柔らかい姿勢です。自分１人ですべてを抱え込むのではなく、リーダー層と一緒に考えていくスタンスをとられ、「信頼して任せる」「頼る」ということもあるのだと思います。

おそらく、そのような「信頼して任せる」スタンスだからこそ、リーダー層も期待に応えようとチャレンジをするのでしょう。

さらに、職員にアンケートを行うなど、常に職員の声を聴くということも大切にされていることがわかります。「任せる」ことだけではなく、あるところについては園長の責任として、職員の働き方をしっかりと守るということも実に特徴的です。

ここでは書かれていませんが、インセンティブ（動機付け・報酬）の見える化や共有もとても上手に取り入れていると思いました（第３章P.75参照）。それが、職員のモチベーションにも大きく影響しているのでしょう。

職員を大切にすること、信頼することが徹底された園長のまなざしの下、リーダー層が主体的にチャレンジする職場になっています！

職員集団や園の変容のためには複数のアプローチを継続的に

学校法人さくら学園 さくら認定こども園（栃木県宇都宮市）
園長・永田文子先生

園の概要：栃木県宇都宮市の幼保連携型認定こども園。1949年に市の中心部に幼稚園設立。当初よりモンテッソーリ教育を行う。2007年に幼稚園型認定こども園、2013年に幼保連携型認定こども園に移行。永田文子先生は、祖母、母の跡を継いで三代目園長。定員160名。

①
2004年、いち担任として実家の幼稚園に入職
同僚たちは…
忙しくて疲れちゃう
すごい大変だよね
なぜだろう？

②
すみません（保育が楽しくない…）
園長
見て覚えないとね！（なんでわからないの…）
…
毎年数名が退職していく状況

③
考えること数年…
もしかして、先生たち、やりたいことがないのかな？
そうだと楽しくないよね

④
アプローチ1
「共に考える」ための土壌づくり
とにかくほめる！
頑張ってるね。頑張ったことがえらいよ
Good!

⑤
陰で園長に保育者の良さを伝える！
A先生、今日こんないいことしてたよ
それで…
いいじゃない

⑥
認定こども園化で再び課題が…
保育が変わった
私には難しい
子どもに寄り添う保育のためには…
また退職者が増える…

⑦
アプローチ2
共通の目的に向かって
先生たちたのしそう♪
なに？なに？
こんな園庭で遊びたかった！
いいね
みんなの声を活かそう

⑧
アプローチ3
保護者も主体的にかかわれる場づくり
和笑輪（わわわ）プロジェクトが盛り上がる！
子どもたちが喜ぶだろうね
次のマルシェでこんなことしてみない？
保護者たち
保護者と一緒に子どもを育てる場へ！

課題  離職者が多いのはなぜ？

保育者自身にやりたいことがない

課題の発見

2004年、実家の幼稚園に担任保育者として入職した永田先生。当時は毎年保育者が辞めていき、平均勤続年数は３〜４年という状況でした。数年間、永田先生は原因を探り、同僚たちが「忙しくて疲れちゃう」「大変だよね」と言うので、大変な原因を減らすために業務の整理をしようとしたところ、保育者に自分のやりたいことがない、ということに気付きました。

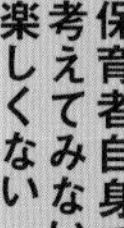

リーダーの気づき

「先輩がやることを見て覚えてね」という空気感があり、保育がトップダウンで決められ、去年通りの保育をしていることに原因があると感じました。
保育者が自分で考えてみることが少ないので楽しくないのだろうと思いました。

まずはほめて、励ますところから始める

アプローチ

ここでの視点！ 語り合う風土・ミッションの共有

永田先生は、保育者が自分で考えてチャレンジしたことはちょっとしたことでもほめて、励ますことからスタートしました。また、その時に保育者がどんな思いでやりたいと考えたのかを丁寧に聞き出すことも意識しました。そうするうちに、みんなで考えることが楽しいという雰囲気に変化し、子どもや環境について自分の意見をもつ保育者が増えていきました。

園長と職員をつなぐ役割を担う

ここでの視点！ 職員一人ひとりの良さ・個性の尊重

当時、リーダー層と担任の中間の立場だった永田先生は、つなぎ役になることを意識しました。園長・副園長・主任は、「なぜ伝わってないの？」「まだできないの？」という雰囲気だったので、プライベートで母親である園長に、「今日、A先生、とってもいい保育していたよ」と一人ひとりの良さをさりげなく伝え、園長と保育者との間をつなぐように心がけました。

リーダーの振り返り

先生たちが頑張っている姿を園長が認めてくれなければ何も変わらない。
ただ、私が園で表立って認めてほしいと伝えるのはなんだかわざとらしい……。
そこで、園の外で母親に先生たちの姿を楽しそうに伝えるようにしました。

リスペクト型マネジメントの視点

永田先生はいち担任として実家の園に入職しましたが、周りからは園長の娘として見られていると感じていました。だから相談があっても、自分が代表して園長に話しに行くことはせず、保育者が直接相談に行くように仕向けていました。そして陰ではさりげなく園長に保育者の良いところを伝えていったのです。親子でなかったとしても、このように園長と保育者をつないでいくキーパーソンの役割はとても重要です。中堅がそのような役割をすることで、いろいろなことがうまく動いていくのです。これが中堅リーダー層に求められるマネジメントと言えるでしょう。

課題 2 「保育が難しい」とまた離職者増

「保育が変わった」「難しい」と離職者増

課題の発見

保育者を受容することで、心地のよい関係性ができていき、5年ほどは離職者ゼロが続きました。幼稚園型から幼保連携型への移行の時期には、自分たちの保育観を大切にしながら、実現のために一緒に考えるということのスタートラインにようやく立てたと感じられました。

ところが、写真や動画で保育を伝え合い、保育観を共有しながら「子どもに寄り添う保育」「子どもが伸びていこうとする時にそれに合った環境」を目指して見直しを進めていった矢先、「保育が変わった」「難しい」とまた辞める人が出てきました。

保育者が主体となってかかわる必要性

リーダーの気づき

写真や動画で子どもの姿を伝え合うようにしていったことで、
思いや保育観が共有できるようになったと思えるようになれた矢先のことでした。
保育の理念や育てたい子どもの姿が変わったわけではないのに、
保育の理念が変わったと思われて、退職者が増えてしまったのが驚きでした。
それで、もっと先生たちが主体となってかかわれることが必要だと思いました。

みんなで一緒になって考え合える目標を設定

アプローチ

ここでの視点！ 語り合う風土・ミッションの共有

当時園長となっていた永田先生が「保育者がもっと主体的になれるためには？」と考え、取りかかったのは、保育者を巻き込んだ園庭改造計画でした。「子どもたちにどんな経験をしてほしいか？」「そのための環境は？」とみんなで考え合い、自分の考えを出すことができる場を、意識してつくっていきました。

園庭改造では、心も体も喜んで動かすことができる遊びの環境の実現のために、「自分が子どもだったら」と自分に置き換えてみたり、子どもたちにどんな経験をしてほしいか、どんな園庭なら経験できそうかと考えてみたりしながら、みんなで意見を出し合いました。大人がワクワクすることで、子どもたちも楽しみになり、園庭の工事中も充実した時間を過ごすことができました。また、この経験から、どんな時もより良くしていくためにみんなで考え合う風土ができていきました。

リーダーの振り返り

様々な園を見て「理想の園庭」のイメージはありましたが、それは表に出さず、
みんなで話し合って園庭をつくることを大切にしようと思いました。
保育者のアイデアが引き出され、主体性が育っていけたらと考えました。
もう1つ、大切にしたことは、これまでの環境を全否定はしないことです。
祖母や母がつくってきた環境であり、自分も園児として育ってきた園です。
先代の思いも大切にしながら、時代に合うものを補う形で進めていきました。

課題3 保護者からの不満が噴出

半強制的なPTA活動に不満が噴出

課題の発見

幼稚園時代は、「お世話になっている園のために、保護者が園を支えるのが当たり前」という意識を園側がもっていて、半強制的にPTA組織に参加してもらっていました。ところが、認定こども園になったことで、様々な背景やニーズをもつ保護者が増え、手伝いへの参加を義務的に感じた保護者が多かったせいか、不満の声が聞こえてくるようになりました。

認定こども園としての対応を模索

リーダーの気づき

認定こども園になってもこれまでのやり方にあぐらをかいていたのかもしれません。
不満の声が聞こえてくるようになり、PTAを見直す時期がきていると感じました。
2013年にはPTAを解体し、保護者が主体的にかかわれる場づくりを目指しました。

保護者も主体的にかかわれる場づくり

アプローチ

ここでの視点！ 外部（家庭・地域、自治体）との協働的かかわり

保護者の現状に耳を傾け、主語を「園と子ども」から「保護者と子ども」にするために、まずPTA組織を解体。代わりに「和笑輪（わわ）プロジェクト」という保護者が主体的にかかわれるような誘いかけの方法に変えました。同時に子どもの姿を写真や動画で可視化し、丁寧に伝えることで、園の保育方針も伝わりやすくなり、保護者との距離が縮まりました。

子育て支援は親目線でつながり合える場に

ここでの視点！ 外部（家庭・地域、自治体）との協働的かかわり

在園児の保護者との関係づくりと同様に、「子育て支援」についても考え直しました。幼稚園時代は園児確保のためのイベントが多く、主語は「園」。そこで主語を「子育て中の家庭（親）」とすることで視点が変わりました。地域の方々とのかかわりや在園児の保護者も含めていろいろな人がつながり合える場をつくれるようになってきています。

リーダーの振り返り

自分の子育ての経験から、子育て支援の場でだれかとつながり合えることで
得られる安心感がある一方で、苦痛も感じてきました。
親が親である以前に、自分でいてもいい時間を確保しつつ、
楽しみながら子育てについて共有できる場づくりができないかと考えました。

マネジメント・キーワード

【試行錯誤を恐れないリーダー】

永田先生は当時を、「何か具体的、明確な目標があって、そこを目指して進むというより、自分自身も一緒になって課題を見つけ、一緒に悩み、試行錯誤をしていくことが多かったため、とても時間がかかったのかもしれません」と振り返りました。このように、たとえリーダーがすぐに答えを出せなかったとしても、課題意識をもち、試行錯誤を続けることで、一歩一歩、改革を進めていくことができるのです。

改革の過程での保育者の本音

保育を改革していく過程で、保育者たちはどのようなことを感じていたのでしょうか。葛藤や苦労した点、良かった点や手応えなどを紹介します。

主幹保育教諭　渡邊智子先生（保育歴16年）

「保育の理念や目指す子どもの姿は変わらない」と、頭ではわかっていても、本園での在職期間が長い職員の中には、これまで自分たちがやってきたことを否定されたような気持ちになっている者も少なからずいました。本園の良さを保ちながらの改革には、良い意味で前のみを見つめて改革を提案する者と、これまでの園の良さの本質を理解している職員とでの対話が必要不可欠ですし、どちらの存在も重要です。決して対立関係ではないという認識の浸透には、地道な対話の積み重ねしか方法が思い浮かばずに長い時間がかかりました。また改革の過程で保育者一人ひとりの主体性が再認識されると、自分で考え、試して実行しなければならないことが増えましたが、そこがやりがいにつながったとも思いますし、互いを認め合える関係性は心地よいです。

4歳児担任　住吉彩先生（保育歴10年）

園の改革期に入職した私は、保育も業務のこなし方も、とにかく先輩をまねることに必死でした。でも、先輩も改革に戸惑っており、「先輩について行けば大丈夫！」と思っていた私は、信じていた軸がブレてしまったような不安を覚えました。しかし、自分も経験を重ね、日々の保育から学んでいくなかで「今まではこうやっていたようだけど、それは子どもにとって最善なのか？」「私はもっとこうやってみたいな……」という思いを抱くようになりました。その思いを発信した時に受け止めてくれる先輩や同僚の存在は大きかったですし、その風土があったことに感謝しました。自分で・みんなで考え、悩んで試してまた悩んで……をくり返していくうちに、保育を楽しむことと職員たちで園を創っていくことはつながっていることにも気付きました。

リスペクト型マネジメントの視点（まとめ）

職員の多忙感が強く、日々の保育で精いっぱいで意欲がもてず、離職者が増えていくという構図は、いろいろなところでよく聞く話です。そうした課題にどのように取り組めばよいのでしょう。

永田先生の場合、第一のアプローチとして、永田先生自身が個々の職員の良さを認めていくと同時に、職員が共に考え、語り合う風土をつくろうと努力し始めたのです。ただし、それによって一定の効果はありましたが、それだけではすぐに意欲的な職員集団になることはできませんでした。

そこで第二には、「園庭改造計画」のような具体的な遊びの充実につながるミッションを提案したのです。そのことは、具体的に自分たちがやってみたいことにつながる、手応えある成果がありました。

そして第三には、多様な保護者に対する見方を変え、保護者の組織も主体性重視へと転換したことでした。それは、保護者を共に子どもを育てていく主体者として位置づけたということです。

以上から、職員集団の変容につながっていくためには、リーダー層のミッションのもと、1つだけではなくいくつかのアプローチを職員の様子を見ながら打ち出していくことが効果的であると学ぶことができました。

職員集団、そして園の変容のためには、複数のアプローチを根気強く、継続的に打ち出していくことが大切です！

子ども主体の保育の実現のため 外部研修、公開保育など 外部の力を積極的に活用

学校法人横浜アイリス学園 幸ヶ谷幼稚園（神奈川県横浜市）
副園長・木元健太郎先生

園の概要：1931年開園。横浜市神奈川区の沿岸部にあり、周辺は住宅街。1994年、園児数０の時期に、前設置者より幼稚園を引き継ぐ。臨海部の開発が進み、マンションの建築で園児数増、定員245名に。

1
実家の園に入職
なんの疑問もなく保育者主導の
保育を行う
もう遊びたい
並んで～、
練習するよ～！
行事が多くて子どもも職員も大忙し…

2
2017年、主任となり、
他園の公開保育を見学
!!
子どもたちが生き生きと
遊んでいて楽しそう！

3
アプローチ１
外部研修で
保育を見直す
子ども主体の
保育に変えたい
もっと研修に
出ないと！

4
みんなを巻き込もうと働きかけるが…
子どもが
遊び込める環境を
考えてみない？
ムリ
行事の準備で
忙しいんです
わからないけど
何かやりたい
自園の保育しか知らず、
子ども主体の保育がわからなかった保育者たち

5
アプローチ２
公開保育に立候補して、荒療治！
あ、これだ！
公開保育、僕の園でやりまーす！
ハイ!! ハイ!!
どうしたら
いいの…
木元先生、園長先生と
相談したのかな？
大丈夫？

6
アプローチ３
廃材コーナーを設定してみる
自分たちの保育に自信がもて、
保護者の理解も進む
遊び込める環境を
つくってみよう！
保護者
廃材持ってきました～

7
さらに、講師の助言をもらいながら、
子ども主体の保育が広まっていく
子どもの様子が
変わってきたよ
先生の意識も
変わってきた
園長先生
みんな同じ方向を
向き始めた！

課題1 保育者主導の保育に疑問なし

子ども主体の保育を知り衝撃を受ける

課題の発見

法人の母体の幼稚園では長らく一斉保育が行われてきた流れで、幸ヶ谷幼稚園でも一斉保育を行ってきました。木元先生は保育とは関係のない企業に勤めていましたが、実家の園に2013年に入職し、フリー・補助をしながら、通信制大学で幼稚園教諭免許を取得、担任になりました。保育についての経験が少なく、保育者主導の保育に疑問をもつことはありませんでしたが、2017年に学年主任になって外部研修に参加し始め、県内の園の公開保育に参加した際、子ども主体の保育を見て、「今の保育はこんな保育なんだ！」と衝撃を受けました。

保育をもっと学ばなければ！

リーダーの気づき

伝統的に行われてきた保育者主導の保育に保護者も期待していたと思います。私自身も含め、見栄えのする行事を疑問に思う人はいませんでした。これをなんとかして変えなければ！ まずは自分が研修を受けようと思いました。

職員と一緒に子ども主体の保育を学ぶ

アプローチ

ここでの視点！ 語り合う風土・ミッションの共有

2017年に法人内で保育園が新設された際の人事異動により、幸ヶ谷幼稚園は若手が中心の職員構成になりました。同僚だけではなく、木元先生自身も学び始めの時期だったことや、ちょうど幼稚園教育要領の改訂も重なったこともあり、職員と一緒に研修に参加したり、気になる園を一緒に見学しに行ったりしながら、徐々に共に学ぶスタイルとなっていきました。

課題から目標設定を行う

ここでの視点！ 語り合う風土・ミッションの共有

2018年、副園長に就任した木元先生には、引き続き「保育を変えたい」という思いがありました。しかし、どう変えていいのかはわからず、職員間でイメージの共有ができないまま、1人で考えてどうしようかと悩んでいました。その年のある研修で、来年の目標を「みんなで同じベクトルで保育を変えていけるようにしたい」と設定したことで、1人でやるのではなく、職員を巻き込んでいくことを意識し始めました。

リーダーの振り返り

研修で、来年の目標設定をした時のことをはっきりと覚えています。みんなを巻き込んでいかないと始まらない、ここからのスタートでした。

マネジメント・キーワード

【「どうすればできるか」の視点をもつリーダー】

学年主任になり外部研修の機会を得たことで、他園の優れた保育を一気に吸収していった木元先生。職員を改革に巻き込むことを意識しつつ、公開保育に立候補するなど、積極的に自ら動きました。できない理由に甘んじるのではなく、「どうすればできるか」の視点をもつことが改革には不可欠です。

課題② 思うように進まない改革

園全体として子ども主体の保育を理解できていない

課題の発見

木元先生は、研修などを受けながら、少しずつ保育を変えるためのチャレンジをしていきましたが、園としては、まだまだ子ども主体の保育へは踏み切れておらず、カリキュラム中心の保育の中で、一部分だけが子ども主体の保育というような段階でした。また、急に保育を変えることに反対していた園長とは衝突することもあり、理解が得られていませんでした。

今のペースでは改革は進まない!?

リーダーの気づき

園長と私の意見が食い違い、
2年ほどの期間、険悪なムードになってしまっていました。
このペースでは進まない！　とにかく行動を起こさなければと焦りを感じていました。

思い切って公開保育へ立候補

アプローチ

ここでの視点！ 外部（家庭・地域、自治体）との協働的かかわり

木元先生は「早く変えたい」という思いで、市の研修の公開保育に立候補しました。この往還型研修では、講師が何度か園を訪れ、園内研修のサポートを行うことになっています。保育の振り返りやミニ園内研修などのかたちで、園長も含めたみんなに話をしてくれました。このような外部の助言を受け、徐々に子ども主体の保育が浸透していき、また、公開保育で職員や子どもの姿が変わっていくのを見て、園長が理解してくれるようになっていきました。

外部研修の活用から園内研修へ

ここでの視点！ 外部（家庭・地域、自治体）との協働的かかわり

木元先生は、自身が研修を受けるだけでなく、横浜市幼稚園協会の特別研究委員会のスタッフとしても積極的に外部とかかわりました。そこに職員を呼んで、職員にもどんどん研修に参加してもらうように働きかけました。そうした積み重ねが園内研修にも活かされ、ビデオカンファレンスで職員同士が肯定し合うなど、良い雰囲気が生まれていきました。

リーダーの振り返り

講師の先生に担任たちの保育を認めてもらうということを積み重ねていったことが
園長の考え方にも影響を及ぼしていきました。
外部の先生による影響はとても大きいと感じています。

リスペクト型マネジメントの視点

横浜市の研修には私もかかわっていますが、木元先生が手を挙げた時、園の先生方とどこまで思いが一致していたのかわからず、「大丈夫？」という気持ちがありました。園長先生とは意見が衝突した時期もあったそうですが、大きく変わったのが、外部講師がかかわり始めてからでした。一斉型の保育を変えるためには、相当な苦労があったことでしょうが、次の課題③のように、廃材コーナーづくりを行い、子どもが変わっていく姿に園長先生も含めたみんなが手応えを感じたことが、保育を変える推進力になったのです。

課題3 子ども主体の保育、これでいい？

いろいろ試してみるが、本当にこれで正しいのかと悩む

課題の発見

他園の環境設定の工夫などを取り入れながら、２人の保育者と保育を変えていった木元先生。他園の環境を参考にして保育室の机をなくしたところ、子どもたちに遊び込む姿が見られましたが、果たしてこれでいいのかどうか……。

保護者から「床で給食を食べているのですか！」と驚きの声が上がることもありました。

後押ししてくれる存在の大切さ

リーダーの気づき

私も２人の保育者も手探り状態で、保育環境の構成に自信がもてませんでした。
公開保育の講師が園を訪れ、「子どもたちの遊ぶ姿が変わってきたね」と、
承認してくださったことで、自信をもつことができました。
背中を押してくれる存在によって、次の改革への勇気をもらった気がします。

廃材コーナーの設定で手応えを得る

アプローチ

ここでの視点！ 語り合う風土・ミッションの共有

なかなか子ども主体の保育へと動き出さなかった時期に、講師と相談して「『遊び込む』が生まれる保育」をテーマに公開保育に臨む過程で環境を変え、大きな手応えが感じられたのが、廃材コーナーを設定したことでした。

子どもの楽しそうな姿を目の当たりにし、一方で課題（片付けが難しいなど）も見えてきたことで、保育や課題について職員が語り合う姿が生まれました。また、各学年主任が全体のバランスを見たり、木元先生が研修スタッフとして身に付けた研修の進め方を活かしたり、それぞれがリーダーシップを発揮しました。

保護者の意見から、保育がさらに充実

ここでの視点！ 外部（家庭・地域、自治体）との協働的かかわり

保護者にはドキュメンテーションで発信しました。以前の保育を期待する保護者からは、「自分の子が写っていない」「子どもが、やりたくなければやらなくていいと先生から言われた」などの指摘もあり、子どもの興味・関心を大切にしつつ、一人ひとりの育ちや遊びをきちんと見ていく必要性を職員間で確認し合いました。クラスである遊びが流行ってきたら、朝の会で共有したり、一斉活動の時間にみんなでやってみたりと、全員が１回は経験できるように配慮することで、遊びの「食わず嫌い」も減り、子どもの遊ぶ姿が大きく変わっていきました。

リーダーの振り返り

改革の過程では、主幹教諭や公開保育担当者に多く助けられました。
主幹教諭は職員が信頼を寄せ、困っている職員が真っ先に相談する相手であり、
園内研修では私の補佐役として一緒に動いてくれています。
公開保育担当者とは、同じ研修に参加し、同じ意識をもって、1年を過ごしました。
同じ意識をもつ仲間がいることが改革期を乗り越えるために重要でした。

改革の過程での保育者の本音

**保育を改革していく過程で、保育者たちは
どのようなことを感じていたのでしょうか。
葛藤や苦労した点、良かった点や手応えなどを紹介します。**

主幹教諭　守屋奈菜先生（保育歴11年）

幸ヶ谷幼稚園での保育経験しかなかったため、初めは副園長の改革に戸惑いを感じました。理想はわかりますが、保護者や保育者はどう思うかとても心配でした。実際に保育者からも「副園長はこう言ってるけど」、「どこまで子どもたちの意見を聞き入れたらよいのか」という困惑の声が上がっていました。私自身の知識も少なく、的確なアドバイスができるわけでもなく、とても悩みました。

私や保育者の悩みを副園長に伝えたところ、他園への見学や研修に参加するようになり外部とのつながりをもつようになりました。他園の実際の保育を見ることで保育に対する理解が深まり、理想ではなく現実として「これなら自園でもできるかも！」という意識に変わっていきました。

保育者　新井香里先生（保育歴６年）

廃材コーナーを設置したことで、廃材を使った遊びが浸透してきましたが、遊ぶことに慣れない子どもたちの姿もあり、次第に保育室が荒れ始めました。原因を同僚と考え、廃材コーナーの配置や構成を変えたり、子どもに声をかけたりもしましたが、改善は見られず、さらに悩みました。

子どもの姿と遊ぶ環境に改めて着目し、廃材コーナーだけでなくいくつもの遊びをコーナー化することで、遊びやすい環境になりました。子どもたちには自分のペースで遊ぶ姿が見られるようになり、私や同僚だけでなく幼稚園全体の保育に対する考えが柔軟になりました。積み重ねてきた取り組みから新たな視点をもって保育をするようになり、子どもの声を聞いて保育をしていくことも増えました。

リスペクト型マネジメントの視点（まとめ）

自園の保育を見直していこうとする際、どこの園でも、どこからどう変えていこうかと悩むものです。職員はこれまで行ってきた保育に慣れ親しんできたので、それを変えていくことは簡単ではありません。木元先生が上手に行ってきたのは、外部の力を借りることでした。特に３点挙げられます。

第一には、外部研修の活用。外部研修で得てきた情報を園内で共有してやってみることはどの園でも取りかかりやすいと思います。

第二には、外部講師の活用。この園の場合、大学の先生でしたが、それはハードルが高いとすれば、近隣のモデルとなるような園の信頼できる先生に講師をお願いしてもよいかもしれません。

第三には、公開保育の活用。公開保育はハードルが高いようにも思えますが、外部の意見をもらうチャンスです。ただし、この園の公開保育が良かったのは、単に現状を「見せる」のではなく、子ども主体の保育にチャレンジし始めたことを公開したことです。これで良いのかと試行錯誤している姿を認めてもらえたのは、自信につながりましたね。

だからこそ、公開保育を行う場合、コーディネートする外部のアドバイザー的な存在の役割が重要なのです。

子ども主体の保育を目指して、外部の力を積極的に活用し、改革にチャレンジすることで、園のみんなの自信になったのです！

ケース6 保育の課題を受け止め、一人ひとりの職員が主体的にかかわることで改革を実現

社会福祉法人杉の子保育会 ひだまり保育園（東京都世田谷区）
園長・松原知朱先生

園の概要：東京都世田谷区で11園を運営する社会福祉法人杉の子保育会の系列園。公立保育園を民営化した経堂保育園分園ひだまり保育園として2010年開園。2015年より本園化。園庭には実のなる木がたくさん植えられ四季折々で全身の五感を使って体験できる環境がつくられている。定員85名。

❶
子どもと丁寧に向き合う保育をしてきたつもりが…
子ども発じゃないのに、無理に行事をやらせるのはおかしくないですか？
5歳児担当の新任
そうね、申し訳なかったね

❷
外から来た職員だから、気付いてくれたんだね
もう一度、理念に戻らないと…
園長
主任
ですね～
園長先生、この研修が良さそう！行ってみましょう！
カタカタ

❸
アプローチ1
異年齢保育を提案
こういうメリット、デメリットがあるけれど、どうだろう？
やってみたいです
メリットが多そうですね

❹
安全面では事故におびえて身構える職員
危ないよ、跳んじゃダメだよ！
いやだー！やるー！
子どもに必要な経験だけど…

❺
アプローチ2
外部の力を借りる
キャッ♪キャッ
ほら、あんなに楽しんでいるでしょ？
止めなくて大丈夫なんですね
うんうん

❻
アプローチ3
みんなが主体となって改革
一人ひとりから生まれた改革だね
この書式で手間が減ったよ
うちのクラスも試してみますね
ですね!!

課題 1 保育がパターン化してしまっている

新任職員からの指摘で課題に気付く

課題の発見

ひだまり保育園では、丁寧に子どもと向き合い、子どもの興味・関心を大切にする保育を職員と共に積み重ねてきましたが、いつの頃からかうまくいった保育や行事を目指すことにすり替わっていました。現場にチャレンジする姿勢がなくなっていた頃、新任の５歳児担任からの「子ども発ではないのに、無理に行事をやらせるのはおかしいのでは？」という指摘があり、松原先生は保育のあり方が理念とずれてしまっていたことに気が付きました。

守りの姿勢の保育の課題を痛感

リーダーの気づき

新任の職員から指摘を受け、みんなに申し訳ないことをしたなと感じました。すぐに主任と相談して、方向転換することを決意しました。

主任と2人で様々な研修に参加

アプローチ

ここでの視点！ 語り合う風土・ミッションの共有

方向転換するために、まずは主任と２人で様々な研修に参加しました。園長・主任間で園の未来を共有できるようにするためでした。また、子ども主体の保育を行っている園を見学させてもらうなどしながら、職員とも保育そのものの共有化を図っていきました。

異年齢保育への転換を再提案

ここでの視点！ 語り合う風土・ミッションの共有

職員から保育の課題が挙がり、異年齢保育を提案しました。以前法人内の別の園で主任と共に異年齢保育を経験し、一人ひとりが豊かな発想で興味のある遊びを見つけ、その子なりの居場所がもてるなどの良さを実感していたからです。開園当初は職員の同意が得られませんでしたが、これを機に改めて職員に異年齢保育のメリット・デメリットを伝えたところ、「やってみたい」との声が上がり、他園の視察に行ったりしながら、みんなで準備を進めました。

リーダーの振り返り

保護者との信頼関係はありましたが、異年齢保育には反対意見も出ました。
説明会で担任にも説明してもらい、何度も機会を設け、理解を得ていきました。
園のみんなが自分事としてかかわることで、語り合い考え合う風土が深まりました。

リスペクト型マネジメントの視点

園長・主任のパートナーシップが印象的です。１人ではなかったからできた改革なのでしょう。異年齢保育では大きい子が小さい子の面倒を見るという部分が強調されがちですが、松原先生は子ども同士がモデルになり合うことや、多様性を大切にしています。危機に直面したタイミングで、みんなで異年齢保育をやってみようと思えたことが良かったですね。また、保護者には、何度も説明し、子どもの最善のためにという熱意が伝わって賛同が得られました。方法論だけではなく、大切なのはその思いです。

課題2 安全管理の徹底で職員が萎縮

職員が正解を求め始め、活気がなくなる

課題の発見

行政から安全管理の徹底を指導されたことを機に、職員を守るためにも必要なことだと事故防止への意識が高まりました。ところが、職員に注意喚起していくことで、職員が身構え、どんどん萎縮するようになってしまいました。会議中には発言も少なく、うつむく姿が見られるようになり、園長や主任に正解を求めることが増えていきました。

正解探しでは、職員の力は発揮されない

リーダーの気づき

職員たちが怖がって守りに入ってしまい、園長や主任に正解を求め始めました。
そうなると、子どもたちは大人に正解を求め、
保育者にとって保育がやりがいのあるものではなくなってしまったのです。
これでは職員の力が発揮されないことに気が付きました。

外部講師から伝えてもらう

アプローチ

ここでの視点！ 外部（家庭・地域、自治体）との協働的かかわり

改革の契機となった出来事の1つは、外部講師からの助言を取り入れたことでした。事故を意識しすぎるあまり、職員が子どもに必要な経験まで怖がって止めてしまう状況を見て、遊びの講師にクラスに入って環境を見てもらうことにしました。子どもたちが挑戦できる環境で楽しんでいる様子を、講師に「それで大丈夫」と言ってもらうことで職員が変わっていきました。

付箋で少しずつ語り合う関係を育てる

ここでの視点！ 語り合う風土・ミッションの共有

外部講師から意見をもらえたことで、子どもの成長に必要な活動に気付くことができ、どんな保育を目指していくかを少しずつみんなで考えられるようになっていきました。話し合いをする際に取り入れたのは、付箋で意見を出し合うことです。これまでは自由な意見が出にくくなっていたのですが、小さなグループで話していくうちに、少しずつ付箋が増えていきました。そうして1～2年経つと、子どもについて語り合うことが楽しくなってきて、徐々に付箋がなくても語り合えるような関係性が育っていきました。

リーダーの振り返り

外部講師の先生が子どもたちの楽しんで遊んでいる姿を解説してくださったことで、
職員も「こんなふうにやってもいいんだ」と自信をもったようでした。
私や主任が同じように言ってもうまく伝わらないこともあったので、
外部の方にかかわっていただくのはとても大事なことだと感じました。

課題 3 保育の質向上のために仕事が多い

やることが山積みで不満も噴出

課題の発見

異年齢保育に取り組み始め、子どものおもしろさなど、いろいろなことを語り合える関係性ができていきました。ところが、保育をより良くしていくために、語り合いの時間をどうやって捻出するか、どう業務時間内に収めるかなど、課題についても話し合いが増えました。保育だけでなく事務作業などのやるべき業務も多く、不満も聞こえてくるようになりました。

課題に主体的に向き合うことの大切さ

リーダーの気づき

職員が不満を言い合っているだけでは発展がないと感じました。
保育園の限られた財源、時間の中で、より良くしていくためには、
一人ひとりが自分事として改善の方向を考えていく必要があると思ったのです。

時間をつくるために書類を簡素化

アプローチ

ここでの視点！ 個々を活かす働き方のマネジメント

保育を変えていくうえで、補助の非正規職員とも志を1つにする必要があると、松原先生は考えました。非正規職員を含めた情報共有と保育の振り返りの時間をつくるために、書類の簡素化に取り組み、話し合いの内容を保育ウェブにして月案の環境設定に活かしたり、会議録を参照できるようにしたりと活用しました。

また、初めは主任が改善案を提案したりもしましたが、それを叩き台にして、各クラスがそれぞれ業務の省力化を工夫し、効果のある方法は会議で共有することをくり返しながら、全体の業務も改善していきました。

一人ひとりがマネジメントの意識をもつ

ここでの視点！ 個々を活かす働き方のマネジメント

勤務時間内の事務時間は主任がシフト表に組み入れていますが、実際にそれが機能しているか確認したり、残業が本当に効果的なのかを確認したりと、データ化してどうマネジメントするとよいか検討しました。また、リーダー層だけが進めるのではなく、一人ひとりがマネジメントの意識をもって業務の計画を立て、残業時間を管理できるよう、見直しを進めています。

リーダーの振り返り

業務改善についてはまだまだ現在進行形です。
ただ、時間の使い方などは上からこうしなさいと言うのではなく、
一人ひとりがどんな工夫ができるか主体的に考えられるように取り組んでいます。

マネジメント・キーワード

【職員の力を信頼するリーダー】

松原先生は改革の過程で、主任の意見を常に尊重していました。同じように、ほかの職員にも自分たちで対話しながら実感してほしいと願い、その時間を保障できるよう努めました。職員の力が発揮されることを信じ、みんなでの対話をくり返すことによって、徐々に語り合う組織が実現していったのです。

改革の過程での保育者の本音

保育を改革していく過程で、保育者たちはどのようなことを感じていたのでしょうか。葛藤や苦労した点、良かった点や手応えなどを紹介します。

幼児副主任　中島夏季先生（保育歴12年）

行事を変える前は、なんの疑問ももたずに「これがベスト」と思って取り組んでいたし、「やる意味があるのか？」と言われたことはすごくショックでした。でも、行事を見直すだけではなく、日々の保育を見直していくと、子どもたちが変わっていくことを感じました。今までの行事では、保育者の提案するものに「うん」と乗っていた子が多かったなか、保育を変え、行事のあり方を変えていくと、「こうしたい」「ああしたい」と子どもが自分から言うようになり、小さいなりにも皆が自己決定していく姿に驚きました。そこで改めて、「子どもって本当に力があるんだな〜」と思い、その力を最大限に発揮できるよう、日々の保育や行事を見直していくことの大切さや、昨年やったことが今年も「これがベスト」とは限らないことを実感しました。

幼児担任　松下由紀先生（保育歴12年）

学年ごとに劇の発表の練習をしていくなかで、「やりたくない！」と訴えていた子どもたちを見て、私自身もなんのために発表会をするのか、考えるきっかけになりました。職員みんなで話し合い、１年間で一人ひとりが夢中になって楽しんできたこと、遊びの中から発見したことのほうが、発表したい気持ちが膨らむのではないかと、変えていくことにしました。これまで「やりたくない！」と訴えていた子たちが、自分で発表する内容を決めて準備し、当日も堂々と発表する姿を目の当たりにして、自分がやりたいことを決めてやることで、こんなにも生き生きとするのだなと感じました。クラスの仲間やほかのクラスの子の練習にも興味をもって、相手のことを知る機会や応援するきっかけになっていることも感じています。

リスペクト型マネジメントの視点（まとめ）

子ども主体の保育をしていても、気が付くとマンネリ化したり、硬直化したりすることは、どこの園でも起こるものです。そこに、メスを入れるのはなかなかエネルギーがいります。ここでは、３つのアプローチが紹介されています。

まず、とてもすごいのは、第一のアプローチ。新任が思ったことを自由に話せるようにしたこと、そして、その意見を取り入れていることです。経験年数にかかわらず、職員の声を積極的に受け止めていこうとする姿勢はなかなかできないものです。リーダー層にそのような姿勢があるのだと思われます。また、新たな試みをしようとする際、デメリットも挙げながらもメリットをしっかりと伝えている点もいいですね。

第二のアプローチでは、外部の研修や講師の活用を行っています。自分の園だけでは難しい場合、外部の力を借りることが効果的なのがよくわかる例です。

第三のアプローチでは、保育の質向上のために仕事の省力化にも取り組んでいます。何かを新たに行おうとする時、ほかの時間を削らないと新たなチャレンジはできないものです。職員の心にしっかりと寄り添ったリーダー層のアプローチが、このような改革に結び付いたのだと思われます。

どこの園でも起こりうる保育の課題を誠実に受け止め、改革へと導いた「職員の心にしっかりと寄り添ったアプローチ」がすごいですね！

「園長机の撤去」に象徴される フラットな関係を目指す改革で みんなが主体になれる組織へ

社会福祉法人鐘の鳴る丘友の会 **認定こども園さくら**（栃木県栃木市）
園長・堀 昌浩先生

園の概要：1979年開園、「子どもたちの夢や願いを叶える保育」をテーマに子ども主体の保育を展開し、組織のあり方・保育者の研修のあり方・行事のあり方の見直しを保護者・地域の協力を得ながら展開している。2016年、幼保連携型認定こども園に移行。1号認定15名、2・3号認定300名

①
2013年、先代より園を引き継ぐ
はい、ここで回って！ 次は手拍子！
…
…
日本の将来のためにも、うちの保育を変えないと！

②
これからは子ども主体の保育をするよ！
子ども主体？
どういうこと？
今までの保育と違いすぎる
やめます
退職届
しかし、保育ががらっと変わったことで、退職者続出…

③
アプローチ１
長期的な改革を目指し、保育や環境を変える
育児担当制にじっくり取り組もう！ 園長机はすぐに撤去！
片付け！

④
しかし、職員の「やらされている感」は強く
先生たちに余裕がないから、会話もない
あの…
忙しい
やることが多い…

⑤
アプローチ２
記録・計画を変え、ICTも活用
保育計画は、保育ウェブとデザインマップに変えてみよう！ ICTを使うと保育を共有しやすいよ
５歳児の活動盛り上がってる！
保育ウェブだと計画が立てやすい

⑥
後ろ向き発言の多いPTAにもテコ入れ
大変だから、これやめようか？
やめよう
PTA
親都合じゃなくて、子どものために話し合ってほしいな

⑦
アプローチ３
保護者も主体的になれる組織の立ち上げ
保護者も地域も一緒に、私たちの町を活性化していこう！
子どもを中心にね！
みんなで「子どものためにできること」を考え合う

課題1 子どもも保育者も主体でない保育

自分で考えてみる保育になっていない

課題の発見

2013年に先代（母親）から園を受け継ぎ、園長に就任した堀先生。自分事として自園の保育を考え直す契機となりました。当時は一斉型の保育でしたが、社会問題に目を向けた時に、日本人の自己肯定感の低さ、自殺率の高さなどは、「やらされる保育」にも原因があると考え、子ども主体の保育への転換を決意。すると保育が変わり職員がこぞって退職したり、保護者の理解が得られず、園児が減ったりするなど、ピンチの状況が訪れました。

無理をしすぎず、長期的な改革を目指す

リーダーの気づき

園長就任当初、子ども主体の保育に変えようとした時は大変な状況でした。これは無理をしすぎてはだめだと思い、まずは0歳からの育児担当制を開始し、6年ほどかけて園全体が子ども主体の保育になっていくことを目指しました。

一人ひとりを大切にする育児担当制の導入

アプローチ

ここでの視点！ 語り合う風土・ミッションの共有

それまで乳児クラスでは、おむつ替え、遊び、給食、午睡など、１人の子どもを別々の保育者が担当していました。クラスという概念で動いていたところを見直し、できるだけ１人の子どもには同じ保育者がかかわるように変えていきました。

職員室を「雑踏感」のある話しやすい場に改造

ここでの視点！ 語り合う風土・ミッションの共有

育児担当制を導入して保育者に負担感があったせいか、堀先生は保育者との間にどこか壁があるように感じていました。保育者は保育室に残って事務仕事をするのが普通でしたが、みんなが職員室に集まるようにと、お菓子を置いたり、電気代節約を理由にしたり、学年ごとに担当を付けて職員室に来るよう仕向けたりしましたが、ことごとく失敗します。そこで、職員室に「雑踏感」をつくろうと、偉そうな園長机を撤去し、代わりにスタンディングテーブルを置き、動線にも配慮し、保育者のコミュニケーションが活発になるような場にしました。

リーダーの振り返り

上司と部下がピラミッド型のような関係で、同僚性には程遠いと感じていました。少し時間はかかってもいいので、もがいてみようと思いました。

マネジメント・キーワード

【民主的な意識をもったリーダー】

堀先生は園長就任後に、権威の象徴のような園長机を撤去しています。そこから同僚性が本当に育つまでにはある程度の時間はかかりましたが、リーダーが職員とフラットな立場で、一緒に園をつくっていこうとする姿勢は着実に実を結んでいったのです。

課題2 主体性と同僚性が育たない

職員の「やらされている感」が強い

課題の発見

長期的に子ども主体の保育につながっていくようにと、堀先生は緩やかな改革を進めていましたが、職員の「やらされている感」が強いことや同僚性に課題を感じていました。もっと職員が主体的になり、語り合いが増えるためにはどうすればよいかと試行錯誤していました。

「やらされている」から、育っていかない

リーダーの気づき

私がやろうとしていた理想の保育は、
職員にとっては上から「やらされていること」と感じられていたのでしょう。
だから主体性や同僚性が育っていかなかったのだと気付きました。

保育計画・記録を大きく変える

アプローチ

ここでの視点！ 個々を活かす働き方のマネジメント

それまでの型どおりの保育計画から、子どもの姿を毎週追いかけていくためにより適したツールとして、保育ウェブやデザインマップなどに変更しました。それらは保育者が子どもの姿について普段から話し合っていないと作れないので、次第に職員間で語り合う姿が見られるようになりました。また、それに併せて、職員室に「雑踏感」が生まれてきて、ちょっとした会話が多くなりました。すると、従来までの一方通行の職員会議の必要性が薄れ、自ずと職員会議が減っていき、ノンコンタクトタイムも取れるようになっていきました。

ICTの活用で情報をオープンに

ここでの視点！ 個々を活かす働き方のマネジメント

監査用の保育日誌は普段は保育室に置かれたままでした。内容は子どもの姿の記録やトラブル、ヒヤリハットの事例も書かれた活用できるもので、これを全員で共有するためにICTサービスを導入すると、各クラスで起きていることを全職員が知ることができ、互いに声をかけ合えるというメリットが生まれました。また、オンラインフォーム作成ツールで保護者の式典や参観への出欠を管理することで、職員の手間が省け、保育時間の確保につながりました。

リーダーの振り返り

保育者が余裕をもって主体的に考えて動けるように、業務の省力化も意識しました。
新しい業務を増やす時はまず何かを減らしてからということと、
保育者自身が裁量権をもつようにし、例えば保育で必要な物品があれば、
自分たちで決めて購入できるといったように、変えていったことも大きかったです。

リスペクト型マネジメントの視点

堀先生は保育者たちの自己決定を大事にしています。園で何かをしようとすれば、管理職の承認を得なければならない園が多いなかで、自分たちで決めて実行に移せることが、保育者のストレスを減らすことや、意欲につながるのだと感じました。

課題3 保護者の都合のPTA組織

親のためのPTA?

課題の発見

堀先生はPTAについても課題意識をもっていました。PTAで出てくる保護者のニーズが、子どもの育ちのためではなく親が楽になるためのものというように感じられたからです。

ポジティブな、子どものための集まりが必要

リーダーの気づき

それまでのPTAでは、子育てが大変、つらいという声が多く聞かれ、
保護者の負担が軽くなるような意見が通りやすくなっていました。
一方、保護者の中にも、子どものためにできることを提案してくれる人もいて、
そういったポジティブな考えで話し合える人たちの集まりとして新設しました。

新しい保護者組織の立ち上げ

アプローチ

ここでの視点！ 外部（家庭・地域、自治体）との協働的かかわり

堀先生は、保護者と保育者とで、子どものことを話し合う場をつくり、そこに地域も巻き込んでいきました。園長が責任をもつと決め、参加者には自由闊達な意見交換を担保しました。その会で行事の見直しを提案したところ、運動会は、数分の出し物のために1か月も練習するのではなく、スポーツフェスティバルとして、子どもが考えた種目や親子競技を楽しむ形にしていくことに。一方で、文化会館で発表するお遊戯会は、檜舞台を踏むことができる貴重な機会なので継続するなど、子どもにとってどうなのかを考え検討する集まりとなっています。

保護者との信頼関係を築くプロセス

ここでの視点！ 外部（家庭・地域、自治体）との協働的かかわり

保護者や地域の人を共に子どものことを考えていく同志にしていくために、堀先生が力を入れたのは、子どもの学びを丁寧に伝えていくことでした。保育の中でおもしろいプロジェクトが進んでいれば、担任に話してもらったり、だれでも見られるようにドキュメンテーションの冊子を廊下に置いたりしました。動画で子どもの姿を実際に見てもらい、堅苦しい話にならないようにしながら、徹底して自園の保育を伝えていきました。また、保育園としては珍しく毎年入園説明会を行い、自園の保育をわかったうえで入園してもらうようにしています。

リーダーの気づき

保護者や地域に向けて、園の保育を丁寧に伝えることを続けた結果、
今では入園待ちも出るくらいに園児数も回復しました。
伝える時に大事なのは、「楽しく話すこと」。みんなを巻き込みやすいのです。
また、子どもたちがプロジェクト活動で地域のいろいろな職業の方に出会う時、
そのつながりは、「本物との出会い」だと考えています。
地域の若手経営者会と継続的に連絡を取り合い、子どもを中心にして、
町が活性化されるようなおもしろいことができないかとアプローチしています。

改革の過程での保育者の本音

保育を改革していく過程で、保育者たちは
どのようなことを感じていたのでしょうか。
葛藤や苦労した点、良かった点や手応えなどを紹介します。

主幹教諭　手束優希先生（保育歴６年）

私は就職してから子ども主体のプロジェクト型保育に出合ったので、「子どものつぶやきを聴くとは、一体どういうことなのだろう？」というところからのスタートでした。最初はジャガイモを育てる活動でしたが、植え方ひとつとっても子どもたちと一緒に調べながら学んできた部分が多かったと思っています。既にやったことのある先生に聞いたりすることが日々ありました。今は先の展開が見えるようになり、自分のクラスの活動に取り入れられそうなことをほかの先生たちの会話の端々から拾い、保育に取り組んでいます。プロジェクトが広がっていくと、より専門的な人に聞いたほうがいいことも増えてくるのですが、そういう情報をもっている人がどこかにいないかと尋ねると、リーダー層の先生方が教えてくださいます。

３歳児担任　関口友香理先生（保育歴９年）

私が入職したのは、先代が園長先生をされている時でした。今とは保育が全く違っていたので、切り替わった時は葛藤だらけでした。「自分の保育を主体的に行う」とは一体どうすればいいのかとか、先輩たちの保育を見ながら、今に至るまでにすごく悩んできました。そういうなかで、後輩の保育者は以前の保育を知らないので、先入観なく子ども主体の保育をしていて、後輩から学ぶことがすごく多かった気がします。先日、実践発表をやらせていただいたのですが、子どもたちのやりたいという声は、経験をしていないとなかなか出てこないと感じました。自由に素材を扱ってよいことを子どもたちに伝えることで、そこからまたプロジェクトが発展していくのを実感することができ、今、すごく楽しく保育ができていると感じています。

リスペクト型マネジメントの視点（まとめ）

組織改革には、園長の理念やミッションが必要であることがよくわかるケースです。堀先生のミッションは、日本社会の未来のための「子ども主体の保育」の実現でした。どのような社会を創りたいかは、保育の最大のミッションとなります。そのために、子ども一人ひとりの主体性を尊重し、自律性を育てる保育を掲げたところが重要なポイントです。そしてそのミッションの実現のためには、職員もまた主体的で自律的になるための意識改革が必要でした。しかし、それは決して簡単ではなかったことがわかります。だからこそ、いわゆる権力の象徴である園長机の撤去が不可欠だったのでしょう。

今、先進的な企業でも、社長や部長が職員と同じ場でフラットに働くことで良好な関係を形成していることがよく紹介されています。そしてそれは、形式的なパフォーマンスではなく、実際にそうしたフラットな関係を形成していることが不可欠です。堀先生もまさに職員とそうした関係を築いています。また、保護者に対しては、職員が子どもの主体的な活動が豊かな学びであることを発信すると同時に、堀先生自身もまたその重要性をプレゼンされていることが大切なポイントです。これからのリーダーは、自園の保育（商品）の重要性を、外部に説得力をもって語れることも必須だと思います。

日本の社会の未来のために、自園の保育を子ども主体に変え、職員とのフラットな関係を目指しながら、みんなが主体になれる組織を実現したのです！

多様な経験をもつ保育者が集まった新園で園の理念を再構築する

学校法人あけぼの学園
あけぼのほりえこども園（大阪府大阪市）　園長・安家 力先生

園の概要：豊中市で7施設を展開する学校法人あけぼの学園と系列法人が、2019年に大阪市内に幼保連携型認定こども園を開園。子どもの主体性や遊びを中心とした保育理念を掲げる。安家先生は他業種より転職して家業を継ぎ、開園時より園長職に。1号認定児234名／2号認定児36名／3号認定児31名

①
新しい街で開園だ！　みんなで、
あけぼのらしい良い園にしていこう！
よろしくお願いします
異動組
転職組
あけぼのの保育を
新しい職員に伝えなきゃ！

②
それ、違うよ！
あけぼのではこうするの！
ハイ

③
アプローチ1
多様性を大事にしたい
みんなはチームだから。
何が正しいかではなく、
まずはそれぞれ自由にやってみよう！

④
おたよりにハンコ
ワイワイ
ポンポン
ポン
!!
え、それ保育者の仕事？

⑤
会議
昨日○○ちゃんが…
えーそうなの!?
そういえば…
2時間…

⑥
アプローチ2
時間の使い方
みんな、
定時に帰れるようにしよう

⑦
アプローチ3
地元・保護者を園の理解者に
楽しそうでしょう！

課題1「あけぼのらしさ」ってなんだろう

異動組と転職組の保育観の差

課題の発見

開園にあたって集まった職員は50名。そのうち10名が学校法人あけぼの学園とその系列法人から異動してきたメンバーです。異動組は「あけぼのの保育の素晴らしさを、この園でも展開しよう」と意気込んでいましたが、その熱意が、「あけぼのの保育はこうあるべき」とあたかも唯一の正解のように映り、転職組の職員はプレッシャーを感じているようでした。

職員の多様性を大事にしたい

リーダーの気づき

転職組の職員たちも十分にキャリアがあり、
当園の保育に魅力を感じて入職してきた意欲あふれる人たちです。
異動組の職員の指示を聞いて懸命に取り入れようとしているけれど、
一人ひとりがこれまでの経験を活かすことも大事なのではないか。
そもそも「あけぼのらしさ」とは一体何なのか。
この機会に見つめ直したいと思いました。

自分の思うようにやってみる

アプローチ

ここでの視点！ 職員一人ひとりの良さ・個性の尊重

安家先生は、異動組に「新しい先生たちはそれぞれに素晴らしい保育ができるはずだから、まずは見せてもらいましょう。皆さんも一度、“あけぼのらしい”という言葉を忘れませんか」と話し、全員に「まず、自分の思うようにやってみてください」と伝えました。あけぼの学園の保育では、結果よりもプロセスを大切にしていますし、今まであけぼのらしいと思ってやってきた保育の中にも、子どもたちの気持ちを置き去りにした活動があったかもしれない。それぞれの保育者が、まずは自分のやり方で保育を進めることにしました。

ここでの視点！ 語り合う風土・ミッションの共有

それぞれが自分の保育をするだけでは、園として向かっていきたい方向性や価値観を共有することはできません。そこで、毎日15分間の「QD（Question＆Discussion）タイム」を設けました。ある事例（Question）に対して、小グループに分かれて話し合う（Discussion）時間です。事例には、あえて正解のないテーマを設定します。例えば、園庭にある大きな土管。これに登りたいけれど登れない子どもがいて、助けを求められたらどうするか。話し合いの後は、グループごとに報告し、全体で意見を共有します。

リーダーの振り返り

異動組には異動組のプライドがあり、転職組にもそれぞれのプライドがあります。
はじめは意識や立ち位置にずれがありましたが、ようやく4年目にして、
how to do ではなく how to think が浸透してきたように思います。
多様なキャリアをもつ優秀な職員が集まったのです。
みんなで新たな園文化を築いていこうと思います。

課題2 非効率をよしとする風土

残業が多いのはなぜ？

課題の発見

前職は一般企業に勤務していたという安家先生。保育者が保育後、保護者に配るプリント1枚1枚に丁寧に子どもの名前スタンプを押しているのを見て、「保育の専門家がする仕事か!?」と疑問をもちます。また、会議の時間が長く、書類作成にも多くの時間を費やし、毎日のように残業する人が多いことも気になっていました。みんなの時間意識ってどうなっているのだろう。

定時に帰れる職場を目指す

リーダーの気づき

「時間をかけてでも丁寧に取り組むことが良い」とされる業界文化を取り払い、一般企業でも十分に通用する時間感覚をもってほしい。
時間を意識し、職員が定時に帰れる職場にしていこうと考えました。

業務時間を可視化する

アプローチ

ここでの視点！ 個々を活かす働き方のマネジメント

まずはプロセスマイニングシート＊を配布して、職員全員に2週間、各仕事にかかった時間を分単位で記録してもらいました。すると、おたよりの作成に15分かかる人と2時間かかる人がいることがわかりました。そこで「おたより作成は30分」等、各業務時間の平均値を出し、時間に対する意識づけをしました。

定時に帰れるよう、職員一人ひとりに、出勤した時点で1日のタイムマネジメントを意識してもらうように伝えています。

＊：業務のプロセスを可視化し、分析するシート

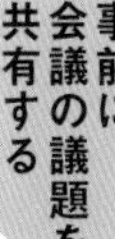

事前に会議の議題を共有する

ここでの視点！ 個々を活かす働き方のマネジメント

職員会議は、2日前までに議案を共有し、所要時間も事前に告知することにしました。参加者は議案に目を通して、自分の意見をまとめてから会議に参加します。会議のテーマと終了時間が明確になり、延々と意見を出し合うだけの会議が減りました。

プロとしての仕事を見極める

ここでの視点！ 個々を活かす働き方のマネジメント

保育者でなくてもできる仕事と、保育者にしかできない仕事は何かを考え、仕事を精査しました。紙で配布していたおたよりはPDFにして、園のWebサイトから保護者自身がダウンロードできるようにし、子どもの検温はサーモカメラの検温機を設置して自動でできるようにしました。また、毎日の連絡帳を廃止して月1回のポートフォリオに置き換えるなど、質の向上と保育の見える化、そして仕事のスリムアップも並行して進めています。

リーダーの振り返り

「保育者として、有効に時間を使っていこう」と何度も呼びかけるなかで、職員の意識が変わってきました。有給休暇の取得も全員が毎年100％達成していますが、それには保護者の理解も必要です。保護者にも説明をして、「平日に担任が休む」ことを当たり前の文化にしていこうと思います。

課題③ 新園の魅力をどう伝えるか

新園への期待と厳しい視線

課題の発見

あけぼの学園は、本拠地である豊中市では広く親しまれた法人ですが、大阪市では無名の園であり、遊びを重視するという保育理念も今までにないものでした。

130年続いた公立園を引き継ぎ、公私連携の園として設置されたので、安家先生は開園前から地域の方々からの期待感と厳しい視線を感じていました。昔ながらの結びつきが強い土地柄でありつつも、周辺には高層マンションが次々と建設され、新しい価値観のファミリー層も増えています。子どもたちが広い園庭で思い切り遊び、伸び伸びと過ごすことを大切にするという理念が、この地で受け入れてもらえるのか、不安が尽きませんでした。

ブランドの再構築をしよう！

リーダーの気づき

この地域では「あけぼの学園」のブランド力は通用しない。リブランディング（ブランドの再構築）を経て、少しずつ地域で園の理解者を増やしていこう。

地元連合会と話し合う

アプローチ

ここでの視点！ 外部（家庭・地域、自治体）との協働的かかわり

あけぼのほりえこども園のある地域には2つの連合会があります。開園前の行政と公立幼稚園と当法人の3者協議会には、各連合会の会長も参加していました。会長は共に、あけぼのほりえこども園が引き継いだ公立園の卒園生。協議会で話し合ううちに、公立園の歴史も残したいと、公立園の園歌を引き継ぐことになりました。園では、あけぼの学園の法人歌と公立園の園歌の2つを子どもたちが大切に歌っているそうです。

また、午睡の時間には、連合会を通して地域の高齢者の方がアルバイトとして入り、子どもたちを見守っているそうです。

保護者への丁寧な説明

ここでの視点！ 外部（家庭・地域、自治体）との協働的かかわり

当エリアは、公立園とお勉強重視型の園が人気を二分しているような土地柄です。最初は保護者との意識に隔たりがありました。そこで、当園の保育について保護者に丁寧に説明する機会を増やすとともに、日々の園内の様子を週に一度は動画配信したり、保護者会の役員と月に一度役員会議を開いたりし、園の考え方に対する濃度の高い理解者を増やしていきました。

リーダーの振り返り

地域の中に飛び込んで関係性を深めていったことが、
私自身が「あけぼのらしさ」を考え直すきっかけになりました。

マネジメント・キーワード

【リブランディングするリーダー】

新規園設立や公立園民営化の際には、新しい価値をどのように浸透させるかが課題です。法人の理念を押し通すのではなく、地域に合わせてリブランディングする勇気が、地域に溶け込む手がかりとなりました。

改革の過程での保育者の本音

保育を改革していく過程で、保育者たちは
どのようなことを感じていたのでしょうか。
葛藤や苦労した点、良かった点や手応えなどを紹介します。

主任保育教諭　三澤知子先生（保育歴18年）

見通しがもてないことは不安であり、一から考えて作り上げていくことはエネルギーも時間も要します。そういう面で開園1年目は本当に苦労しました。わからない不安から保護者にも様々なご意見をいただきましたし、職員間でも「あけぼのらしいやり方」を巡り、考え方の相違がありました。大切にしたのは、一方的に考えを押し付けるのではなく一人ひとりの言動のもとにある思いを知るように努め、どうすればよいかをみんなで話し合うことでした。時間はかかりましたが、丁寧な積み重ねにより、少しずつ理解が深まっていきました。そして職員の主体性が高まり、チームの基盤ができたと思っています。今後は、各々が考え工夫する時間をしっかりともてるように、さらに業務の効率化を進めていきたいと考えています。

チーフ保育教諭　荒井遙夏先生（保育歴８年）

私は"子ども中心"の保育に魅力を感じ、開園と同時に入職しました。保育歴は4年ほどあったのですが、実際に担任として保育を始めると「この声かけは制止になっていないか？」「この製作は保育者が誘導しすぎ？」等、"あけぼのらしさ"の正解がわからず、自分の保育にどんどん自信をもてなくなっていきました。

しかし同じ悩みをもつ職員も多くいたことから、保育計画を考えるなかで意見交換をしたり、園内研修やQDタイム＊でこの活動が子どものどのような育ちにつながるのかを考えたりし、子どもの気づきに寄り添えるようになっていきました。それまでは子どもの姿を考えずにカリキュラムを立てていたので、子どもが今どんな気持ちで何を感じているのかを考えながら保育をできていることに、自分自身の成長を感じています。

＊：P.56参照

リスペクト型マネジメントの視点（まとめ）

安家先生のすごさは、ご自身がこれまで体験してこられた魅力的な企業での経験を園のマネジメントに活かしている点です。それは、これまでの保育の職場の「あたりまえ」を問い直すことでもあったと思います。日常の業務の中であたりまえになっている非効率的な作業（ここではスタンプを押す作業）に対して、「それが保育者という専門職がする仕事なのか？」と疑問を投げかけています。また、専門職としての力を十分に発揮するための時間管理の感覚の必要性にアプローチしている点も重要です。ここに、保育者という専門職へのリーダーのリスペクトの視点を感じます。

もう1点は、職員に対してブランディングの視点を持ち込んでいるのも素晴らしいと思いました。保育者の世界では、日々の子どもとのかかわりに終始し、そうしたことを考える機会が少ないのかもしれません。自分たちの園の魅力とは何かを、単なる「あるべき」論からではなく、自分たちの地域の特性や、自分たちの保育への問いも含めて投げかけている点が秀逸です。そして、自分の園の魅力を職員だけではなく、保護者や地域を巻き込んでつくっていくことが、園を中心にした地域コミュニティのネットワークづくりにもつながるのだと思います。

保育現場の「あたりまえ」を問い直し、保育者が専門性を十分に発揮できるよう、仕事を整理する。保育の専門職へのリスペクトですね！

いろいろな事例が
出てきましたね。
参考になるアイデアには
出合えましたか!?

第3章

様々なアプローチの具体例

職員がリスペクトし合える組織になるためには、「語り合う風土・ミッションの共有」「職員一人ひとりの良さ・個性の尊重」「個々を活かす働き方のマネジメント」「外部（家庭・地域、自治体）との協働的かかわり」の４つの視点が重要です。第３章では、４つの視点ごとの具体的な取り組みの「課題」と「アプローチ」を見ていきます。

取材・コメント　大豆生田啓友

リスペクト型マネジメントの4つの視点から組織改革を考える

リスペクト型マネジメントに必要な４つの視点ごとに、全国の様々な園の具体的な取り組み例を紹介します。

第１章・第２章で紹介したように、職員が共に語り合い、保育の質を高められる組織になるためには、**「語り合う風土・ミッションの共有」「職員一人ひとりの良さ・個性の尊重」「個々を活かす働き方のマネジメント」「外部（家庭・地域、自治体）との協働的かかわり」**の４つのポイントがあります。

とは言うものの、園の規模や方針、園種や地域の事情によって、リーダーが抱える課題や悩みは様々でしょう。日々の保育を支える職員のキャリアや働き方、

取材・協力園

社会福祉法人高田幼児
認定こども園ひかり（福島県大沼郡）
お話：園長　天笠昌明

農繁期託児所・高田町幼児保育園として1925年に開園。2010年に町と老朽化した園舎の建て替えを協議するなか、公立幼保との統合が決まり、翌年4月に幼保連携型認定こども園となる。園児数は１号認定15名、2・3号認定185名。

社会福祉法人龍美
陽だまりの丘保育園（東京都中野区）
お話：園長　曽木書代

東京都中野区の公立保育園の民設民営化に伴い、２園の公立保育園の園児の約７割を受け入れ、2008年に、陽だまりの丘保育園（０～５歳児、定員123名）、翌年徒歩約10分の距離に分園ふたば（０～３歳児、定員41名）を開園。

社会福祉法人鐘の鳴る丘友の会
認定こども園さくら（栃木県栃木市）
お話：園長　堀 昌浩

1979年開園、「子どもたちの夢や願いを叶える保育」をテーマに子ども主体の保育を展開し、組織のあり方・保育者の研修のあり方・行事のあり方の見直しを保護者・地域の協力を得ながら展開している。2016年、幼保連携型認定こども園に移行。1号認定15名、2・3号認定300名。

社会福祉法人省我会
新宿せいが子ども園（東京都新宿区）
お話：理事長・園長　藤森平司

高田馬場駅から徒歩10分の都市型の保育所型認定こども園。「見守る保育」を発信する保育環境研究所ギビングツリーの代表でもある園長の下、「共生と貢献」に向けた子どもの主体性を育てる保育に取り組む。園児数は、０歳児21名、１～２歳児各30名、３～５歳児各32名。

社会福祉法人呉竹会
（埼玉県本庄市）※法人事務局
お話：理事長　石田雅一

1957年に無認可の保育園としてスタート。待機児童問題に伴い、2011年から数年をかけて３園を開設。「すべての子どもに質の高い保育を」という思いで保育を行っている。園児数は、児玉の森こども園170名、新宿こだま保育園105名、駒沢こだま保育園46名、三茶こだま保育園54名。

学校法人亀ヶ谷学園
宮前幼稚園
宮前おひさまこども園（神奈川県川崎市）
お話：副園長　亀ヶ谷元譲

神奈川県川崎市宮前区に最初にできた幼稚園。1961年に開園。2018年より幼稚園型認定こども園（宮前幼稚園）、幼保連携型認定こども園（宮前おひさまこども園）へ移行。宮前幼稚園：定員386名、宮前おひさまこども園：定員90名。

リスペクト型マネジメントの4つの視点

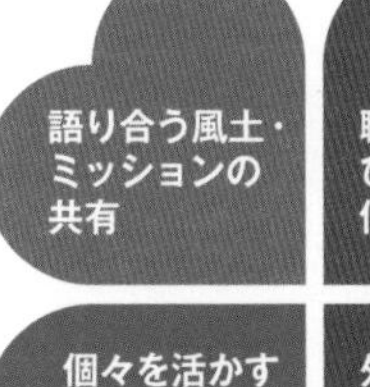

意識によっても、アプローチの方法は変わってきそうです。実際は、どのように取り組めばよいのでしょう。

第3章では、「リスペクト型マネジメント」の4つの視点ごとに、いろいろなタイプの園の、課題と解決のためのアプローチの方法を紹介し、大豆生田先生の「リスペクト型マネジメントの視点」と共に見ていきます。

ご自身の園で取り組めそうな事例を参考にして、自園らしい改革をデザインしてみましょう。

社会福祉法人柿ノ木会
野中こども園（静岡県富士宮市）
お話：副園長　中村章啓

富士山のふもとの町・富士宮市に1953年に開園。約4,200㎡の園庭は多様性と変化に富み、自然豊かな環境の中で子どもの主体的な活動を重視した保育を続けている。2018年、幼保連携型認定こども園に。園児数は1号認定12名、2・3号認定135名。

社会福祉法人順正寺福祉会
順正寺こども園（広島県広島市）
お話：園長　伊藤唯道

広島市中区の海側の住宅街にあるお寺が母体の保育園。1954年に50名ほどの保育園として開設、翌年認可保育園に。2017年より幼保連携型認定こども園へ移行。園児数は1号認定15名、2号認定35名、3号認定45名。

学校法人あけぼの学園
あけぼのほりえこども園（大阪府大阪市）
お話：園長　安家 力

2019年、130年続いた公立園の跡地に公私連携の園として開園。都会の真ん中にありながら自然環境を感じられるような園庭環境を整え、遊び込むこと、主体性や協調性を育む保育を実施。幼保連携型認定こども園。園児数は1号認定234名、2号認定36名、3号認定31名。

社会福祉法人こまつ会
乙房こども園（宮崎県都城市）
お話：園長　刀坂弘毅

宮崎県都城市乙房町はかつて農業地域で、農繁期には公民館にボランティアが集まり、子どもを見合う季節保育所があった地域。1974年、地域の要請により乙房保育園が開園。2015年に幼保連携型認定こども園に移行。1号認定15名、2・3号認定80名。

学校法人小寺学園
はまようちえん（兵庫県尼崎市）
お話：理事長　秦 賢志

1954年に開園。2004年、園のマークやコンセプトを一新し、2015年には幼保連携型認定こども園に。親子ひろばやブックカフェを開設したほか、園庭開放や園庭・園舎無料貸し出しなど、地域に開かれた園に。園児数は1・2号認定167名、3号認定30名。

学校法人めぐみ学園
阿久根めぐみこども園（鹿児島県阿久根市）
お話：理事長・園長　輿水 基

1960年にプロテスタント教会が始めた無認可幼児園がルーツ。1971年に学校法人めぐみ学園を設立し、阿久根めぐみ幼稚園となり、キリスト教の精神のもと豊かな感性と優しさを育てることを大切にしている。2007年県内初の幼保連携型認定こども園、2015年の新制度施行時に今の園名に。1号認定40名、2・3号認定50名。

視点 1

語り合う風土・ミッションの共有

様々な立場の職員が気軽に語り合えるオープンな組織文化と、職員の声を聴くボトムアップのリーダーシップにより、園の理念やミッションを職員全体で共有し、目指す保育の実現につなげていくことが重要です。

事例 1 ファシリテーション技法を学び、語り合える園内研修に

学校法人めぐみ学園 **阿久根めぐみこども園**（鹿児島県阿久根市）

研修が職員の重荷

課題の発見

阿久根めぐみこども園では、園の理念と実践に距離を感じ、保育の質を高めるための園内研修を始めました。研修は月2回、19時から正職員がそろって行います。ところが、輿水園長の「変わらなければ」という焦りが伝わったのか、職員には重荷になっていたようです。職員からのアンケートで、厳しい意見を突きつけられることになりました。

ファシリテーションで話しやすい場に

アプローチ

転換点となったのは、園長自身がファシリテーションの技法を学んだことでした。「自分だけが正解かのように考え、職員が研修を通して考えてくれたことを肯定してこなかった」ことにも気付き、園内研修では自身はファシリテーター役に徹し、みんなが思ったことを話しやすい場となるよう心がけました。会議の進め方を変えたら、徐々に職員たちもにこやかになり、園長も様々な意見に耳を傾けられるようになっていったそうです。

保育の芯をつくる教育・保育要領解説の読み合わせ

当時の園内研修の中心となったのは、教育・保育要領解説の読み合わせです。決められた範囲を読んで、自分が気になった箇所3つを付箋に書き出してきて共有します。最初は読んでも意味がないと感じている人もいたそうですが、一方で、とても豊かな内容が書かれていると捉える人もいました。否定せず、いろいろな立場から自分たちの保育実践に照らして読み解いていったことで、解説に書かれている保育の質の高さや自分たちに足りていない観点にも気付いていくことができたそうです。知識と自分たちの保育とのつながりが見えたことで、それが保育の芯になり、自分たちの力になることがわかってきました。

安心・安全な場をつくる

研修を重ねることで、職員の安心・安全な場ができていきました。どんどん先を目指す人がいてもいいし、ゆっくり進む人がいてもいいと、互いの個性や多様性を認められるようになり、みんなで確実に前に進んでいるという手応えも生まれました。「子どもにどう育ってほしいか」という、より大きな問いにも向かえる職員集団になれたそうです。リーダー層の課題意識も高まり、より良い保育をしていくために、ノンコンタクトタイムの実施や有給取得率アップといった現実的な方策も提案されるようになりました。

年初の園内研修では、今年の目標を漢字１字で書く

非常勤職員とも研修

園内研修を数年続けると、職員の意識が高まってきたことを感じました。そこで、正職員と同じ内容の研修を非常勤職員にも行い、園全体で保育理解を深めていくことにしました。テーマは同じでも、正職員との研修と非常勤職員との研修では、考え方が違ったり、さらに広がりが出たりすることもわかりました。保育は、中核となる正職員だけでするものではなく、多様な目で子どもを見ることを大事にしなければならないと、このことを通じて考えさせられたそうです。

ミドルリーダー層もファシリテーターに

それまでは研修のファシリテートと言えば園長がしていたのが、非常勤職員の研修では、副園長や主幹保育教諭がファシリテーター役を担うようになりました。ファシリテートするようになると、振り返りの時間がとても大事だと気付いたり、問いをもって臨んだりするようになり、職員の意識が変わってきたそうです。「対話」「場づくり」「当事者性」というキーワードが、少しずつ職員たちの意識に表れるようになっていきました。

新採の職員向けの研修。主幹保育教諭が進める

現場の声

当初は19時開始だった園内研修が17時開始に変更され、子育て中でも参加しやすくなりました。園内研修中、私たちの代わりに保育に入ってくれている非常勤の保育者の方々には感謝しています。

リスペクト型マネジメントの視点

園長がファシリテーション技法を通して実に自然体で職員の声に耳を傾けてきたことで、同僚性が生まれ、みんなが話しやすい場となったのでしょう。実は肩ひじ張った園内研修の場よりも、日常の中に重要なファシリテーション機能があることが見えてきます。自分の存在が園長からしっかりと認められることが、職員の主体性を生み出し、さらには他者の声を聴くという循環にもなっているのではないでしょうか。

事例② 人間関係づくりのワークと面談を活用する

学校法人小寺学園 はまようちえん（兵庫県尼崎市）

暗い顔で一言も話さない職員を変えたい

課題の発見

「終礼」と呼んでいた毎日の反省会でのこと。秦理事長は暗い顔で一言も話さない職員がたくさんいたことに気が付きました。「生きることは楽しい」ということを子どもたちに教える先生がそのような様子では、良い保育などできないと考えました。

また、職員が従来の枠にこだわらずに保育のことなどを自由闊達に話せるようになるために、リーダー層ができることは何かないだろうかと考えました。

ワークを活用して自由に対話できる場をつくる

アプローチ

理事長がファシリテーターとしてワークショップなどを学んでいたことを活かし、園内研修を始めました。研修の最初の頃は、自己紹介から始め、人間関係ができていない段階では、幼稚園に直接かかわるテーマとは別の話題で合意形成や問題解決などのワークをしました。研修を重ねていくうちに、気軽に発言できる雰囲気がチームの中に醸成されたと言います。現在、「終礼」はEMT（イブニングミーティング）と呼び替えられ自由に対話できる場へと変わりました。

チーム全員で自己紹介ワーク

行動指針を浸透させ、信頼関係をつくる

園には、「いつでもどこでも雑談をしよう」という行動指針があります。行動指針が浸透したことで、職員同士が保育の活動について柔軟に話し合う姿や、掃除中に後輩が先輩に気軽に相談する姿も見られると言います。

また、学期ごとに、理事長と園長と職員の3人で行う個人面談に力を入れ、1人2時間ぐらい使うこともあります。その際、理事長や園長は自分自身の個人的なことも含めて話します。そして、職員にも困っていることなど、なんでも言ってほしいと話すと、職員も本音を話してくれるようになりました。

そして、「保護者との関係で窮地に陥った時には盾になる」「安心して保育をしてほしい」と伝えています。本当に困った時にリーダー層が手を差し伸べ、うまく乗り切れた体験をたくさんした職員が、今、ベテランになって園の保育を支えてくれているそうです。

リスペクト型マネジメントの視点

園とは創って（デザインして）いくものであることに気付かされます。無理して変えているのではなく、「もっとこうしたい」という思いが変化として表れているのだと思います。また、園内研修というと、何かみんなで集まって事例を検討し合う場をイメージしがちですが、何気ない日常の場にあるのだということもわかります。

事例3 全員で同じ園を見学し「こうしたい」の共通認識をもつ

社会福祉法人高田幼児 **認定こども園ひかり**（福島県大沼郡）

様々な声を反映させて新しい組織にしたい

課題の発見

認定こども園ひかりは80年以上の歴史のある園ですが、幼保連携型認定こども園に移行するにあたり、20以上の認定こども園の視察を行いました。

その中で、若手職員から「保育を変えたい」という声も出てきました。新しいことを始めるのだから新しい視点や意見も取り上げたい。しかし、今までの組織では様々な声を十分に反映できないのではないかと天笠園長は考えました。

40代中堅職員の抜擢

アプローチ

園長は、主幹保育教諭に40代の中堅職員を抜擢しました。年功序列でない突然の人事に、ベテラン職員の中には戸惑う人もいましたが、「私たちは認定こども園という新しいことにチャレンジしようとしているのだから、ベテランの経験に従うだけでなく、あえて中堅を登用して“刺激”を生み出したい」と考えたのだと言います。中堅職員が主幹保育教諭となることで、若手も相談しやすくなり、風通しが良くなりました。

また、2名の主幹保育教諭（3歳以上児1名、3歳未満児1名）がそれぞれもう一方の打ち合わせにも積極的に加わってくれるので、全体の声が聞けるようにもなりました。

全員が同じ園を見学する

認定こども園では職員のシフトなどの関係で、全員が一堂に会した研修は難しい面があります。しかし、若手もベテランも、みんなで同じものを見ることが大切だと考え、何回も車を出し、交代で同じ園に見学に行ったそうです。そのおかげで「変えなくては」という意識を職員全員で共有できました。ベテランの職員など一部が納得したとしても、それだけでは園を変えていくのは難しい。全員で同じものを見ることで、変えることに対する抵抗感がなくなり、「うちではこんなふうにしてみたい」という共通認識も生まれました。

若手もベテランも「こうだったらいいな」と意見を出し合う

リスペクト型マネジメントの視点

職員みんなで魅力的な園の保育を見学し、感じ、心を動かして、対話が生まれることが、とても効果的であることがよくわかりました。また、園長がリーダーシップを発揮して主幹保育教諭にふさわしい人材を配置する一方、2名の主幹保育教諭は豊かな対話と相互の刺激のし合いで全体のボトムアップに効果を発揮していることがわかります。

事例④ 3つの階層別研修やメンターセッションを導入

社会福祉法人柿ノ木会 **野中こども園**（静岡県富士宮市）

園の理念を共に考えたい

課題の発見

園の理念である「子ども主体の保育」を実践するために、保育者に求められる資質・能力とは何か。職員の同僚性について様々な試行錯誤を行いましたが、直接的な解決法がないことに気付きました。人間、だれしも反りが合う・合わないはあるもの。無理に合わせるのではなく、園の理念を共有し、個々が良さを発揮できる組織にしたいと考えました。

斜めの関係性をつくる

アプローチ

一人ひとりがより良い保育を考え、語り合うために、上司・部下という縦軸一本ではなく、斜めの関係性をつくることを重視しました。

そこで、職員が互いに自己開示できるよう、研修や対話の場を複数設けています。語り合いの場が増えたことで、会議でも意見が出やすくなるという効果が生まれます。

3つの階層別研修の実施

全体研修の代わりに、階層別園内研修（月1回程度）を実施。3階層に分け（1グループ4~5人）、そこに園長や主幹保育教諭等が加わります。例えば1～5年目の保育者は、主にドキュメンテーションの振り返りを行い、自分にはない他者の感じ方や捉え方に出合い、共通理解を深める機会にしています。リーダー層とパートタイム職員は、多様な働き方や業務改善・再構築というテーマでそれぞれに研修をします。マネジメントの一端を担うリーダー層と、他園での勤務経験もあるパート職の双方の視点が、現実的なアイデアを生み出す近道だからです。

研修対象者	目的
1~5年目の保育者	記録の書き方やドキュメンテーションの作り方、活用の仕方の研修
ミドルリーダー層	保護者への伝え方の工夫などを身に付けるためのファシリテーション研修
リーダー層とパートタイム職員	多様な働き方や業務改善・再構築

メンターセッションの導入

職員の人間関係構築のために1～2か月に1回実施しているのがメンターセッションです。あえて普段話すことが少ない人、年齢や立場の違う人同士（4~5人）で構成するのが特徴です。セッションのテーマは自由。お茶を飲みながら世間話をするだけでもいいし、ヨガをしたりコミュニケーション系ゲームをしたりするグループもあります。

リスペクト型マネジメントの視点

同僚性の基盤とは何か。同園では全体研修ではなく、階層別園内研修や多職種・異年齢で構成するメンターセッションを行っています。これまで園内研修と言うと、全職員がそろって順番に発言していくといった取り組みが多く聞かれました。しかし、このように少人数かつ多様なつながりの場をつくることにより、気軽に話せるような関係性になるのだと思います。そして、特にそうした多様な関係性の中で、一人ひとりに「役立ち感」が生まれてくるのでしょう。

事例5 保育者がチームをつくり、支え合う関係性を構築する

学校法人亀ヶ谷学園 宮前幼稚園
宮前おひさまこども園（神奈川県川崎市）

園内研修の内容が固定化

課題の発見

同法人では、園外研修には数多く参加していたそうですが、園内研修は教育課程の確認など内容が固定化していました。そこで、保育者は1人で頑張るのではなく、チームとして子どもを見ていくことが大事だと考え、ポートフォリオなどを使った研修を始めました。

子どもをみんなで見合う

アプローチ

研修では、担任とフリーの保育者が協力して1人の子どもを1週間徹底的に見て、その子のおもしろさやこだわりを共有し、保育マップやポートフォリオを作ります。1週間観察する子どもは、担任が良さを捉えきれていないと感じる子どもです。園内研修に組み込むことで、子どもをみんなで見るという意識がより根付きやすくなりました。

キーマンとなる保育者の存在

ポートフォリオ研修を続けるうちに、チームで子どもを見ていくという関係性が少しずつ築かれていきました。例えばかかわりに悩む子どもがクラスにいる時、そのことを日々の対話の中で共有しておくと、別のクラスの担任が気付いた時に写真を撮ったり、エピソードを伝えたりしてくれるようになりました。

宮前幼稚園・宮前おひさまこども園は全16クラスありますが、担任がクラス主義に陥らないよう、「周りに開いていく力」をもつ保育者にキーマンになってもらったそうです。自分が迷ったことや悩みを周囲に語れる保育者を主任などのポジションに置くことで、周りの保育者をもっと頼っていいのだと思えるようになりました。

当事者をハッピーにする研修

園では、動画を使った研修も行っています。大切にしているのは、動画を撮影された保育者がハッピーになる研修、ということ。動画を見た後は、全員が3つの視点（右図参照）でコメントをします。そうすることで、場の雰囲気が柔らかく、明るくなり、担任はいろいろな人の視点を通して保育を振り返ることができる、良さを認めてもらえてうれしいなど、よい効果が生まれています。

動画を見る視点

①いいね！

②アイデア
「こうしたら楽しそう！」

③子どもの姿
「私のクラスにもある！」

動画を撮影された先生がHappyになれるように！

リスペクト型マネジメントの視点

クラスが多くなると、担任が孤立し、ほかのクラスと比べて焦り、不安になりがちですが、この園の場合、クラス主義にならないよう対策を講じています。その対策が、チームをつくり、支え合う関係性の構築です。自分のクラス以外の子についても語り合うような関係性や、いつも話を聴いてくれるリーダー層の配置など、とても参考になる取り組みが満載です。若手の職員だけでなく、中堅職員も自分らしくいられるチームが形成されたのでしょう。

視点

職員一人ひとりの良さ・個性の尊重

一人ひとりの職員の良さや個性を尊重するために、職場が職員の心の安全基地となるようフォローのあり方を考え、個別面談や表彰などで職員の頑張りを認めるなど、それぞれの得意なことや強みを活かせる組織をつくります。

事例1 若手中心の自主研修や独自制度を設ける

社会福祉法人省我会 **新宿せいが子ども園**（東京都新宿区）

職員が法令や知見を体現する力を養いたい

課題の発見

保育の質の議論では、配置基準や面積など最低基準の話になりがちですが、大切なのは職員一人ひとりの質を高めることだと藤森園長は考えています。

また、保育に関する法令や重要な研究はたくさんありますが、それらの知見と現場の保育実践にはギャップがあるものです。そこで、園長の役目は、①法令や知見を理解、咀嚼して現場にわかりやすく伝えること、②園長から伝えられたことを基に、保育者が自分なりの発想で自由に体現していく力を養うことであると考えました。

若手職員が中心に企画する自主研修と園長による研修

アプローチ

２つの園内研修を設けました。１つは有志の職員が月１回程度行う自主的な研修です。もう１つは年に何回か行う全員参加の研修で、職員が希望するテーマで園長が話をします。

有志による自主研修では、経験１～２年目の若い職員が中心になって企画。コロナ禍になる前は、まずは「今日は集まってくれてありがとう」とソフトドリンクでの乾杯から入り、次にくじ引きで当たった職員が「自分の名前の由来」などの軽い話題から話し始めます。

場が和んだところで、その時々のテーマで、担当学年や経験年数等に分かれて話し合いをします。そこでは、「私が答えるより良い答えだと思う発言がたくさん出る」と藤森園長は言います。

現在、自主研修はWeb会議を活用するなど、その時の状況に合わせて柔軟に形を変えて実施しています。

自主研修。コロナ禍になる前は乾杯から始まり、和気あいあいと

月１回の研究日。研究結果は保育に還元される

研究員制度をつくる

さらに、研究員制度を設けました。これは、その年の研究員となったフリーの職員が、年間の研究テーマを決めて、週１回の研究日に保育を１日観察し、研究するものです。

例えば、「音環境」「感情コントロール」「対人知性」といったテーマで研究を行い、研究の結果を保護者に見てもらったり、学会で発表したりすることで、職員全体が学ぶ機会となっています。

職員の中に「フォロワー」の役割をつくる

ベテランの職員には、「フォロワー」という役割をつくりました。「リーダー」ではないのです。後輩職員のいろいろな個性を認めて、未熟な部分をフォローする役割に徹し、決して先回りして答えを言うことはしません。若手が自分で考えてもわからない時は、最後はちゃんとベテランが答えてくれる。とてもありがたい存在です。

自分から行動し示すことが大切であると藤森園長は考え、園長自身も、遅刻が続いていた職員の早番に毎日付き合い、７年間一緒に通勤するなど、自らモデルとなっています。これは保育の中での子どもと保育者との関係と同じで、若手にとってはベテランが、ベテランにとっては園長が、モデルであり愛着存在になると言います。

一人ひとりの違いを大切にするという共通の理念をきちんと示し、それぞれのやり方を認め合う。それが文化として根付くことで、子どもも職員も意見が言いやすくなるとのことです。

現場の声

自主研修では、かなり深い議論になり、おもしろい発言がたくさん出てきています。今は、Web 会議になって飲み会はありませんが、通常の研修とは違った姿がお互いに見える機会になっています。

リスペクト型マネジメントの視点

すごいです、保育者が主体的に行う研修。しかも、若手職員が企画しているのです。この背景には、園長の職員への信頼と温かく励ます姿勢があります。園長が職員のそうした取り組みを肯定し、おもしろがるのです。 また、同園の同僚性の秘訣は、「フォロワー」の役割にあります。ここでのフォロワーとは、相手と一緒になって動く人、つまり同伴者であり、相手を１人の人として尊厳をもってかかわる人であることが見えてきます。そして、フォロワーの最大のモデルになっているのは、藤森園長自身なのです。

事例2 一人ひとりの感じ方を尊重し、職員が主体的に

社会福祉法人こまつ会 **乙房こども園**（宮崎県都城市）

現状を疑う視点をもって、保育を

課題の発見

刀坂園長が園長になった当初１年くらい、「目の前の子どもたちは待ってくれない」という焦りから、改革を数多く実行した時期がありました。園ではかつて、他園の見学をきっかけに保育を改革してきましたが、時が経つにつれ現状を疑わなくなり、本質が見失われていると感じたためです。しかし、急激な改革には批判も出てきて、強行は遠回りだと気付きました。

職員一人ひとりの感じ方を尊重する

アプローチ

本質を問うことを常に意識してほしいと、職員には折にふれて話をしていきました。例えば、「去年やったから今年もやる」と、いつの間にかマンネリになっていた行事については、「なんのためにしているのか」と問い直し、皆で話し合って必要がない行事はやめるなど、徐々に変えていきました。

改革するなかで園長として大切にしてきたのが、子どもの主体性を大切にするように、職員も主体的であってほしいということでした。園長自身の思いはありますが、提案をして、職員から異論が出たら、よく話を聞き、無理には推し進めません。捉え方は人それぞれなのだと気付いたことで、職員が「感じること」を大事にするようになりました。

「投げかけはしますが、いろいろ考えるのは職員たちに任せ、そこから違う方向にいくかもしれないけれど、そうしたらまた投げかければいい」と刀坂園長は言います。現在は職員が主体性をもって動くようになり、園長の役割は減りましたが、これがいい状態なのだと考えています。

本質を問いながらも、職員一人ひとりの感じ方を尊重して任せるように

リーダー層は現場をフォローする

ほかにも、職員が主体性を発揮できるよう、リーダー層の役割を見直して、主任、副主任、リーダーには、現場を指導するというより、フォローする役割を担ってもらうことにしました。幹部の職員はみんなベテランで、子どもを肯定すること、温かく見守ることはできています。「なんで相手が大人になるとできないの？」「幹部職員は若い先生を育てることをメインの役割にしよう」と投げかけ、何度も話し合いを重ねたことで意識が変わりました。今では若手が伸び伸びと保育をしているそうです。

リスペクト型マネジメントの視点

改革の背景にあったのは、リーダーである刀坂園長の強い思いでした。しかし、その改革が簡単ではなかったこともわかります。まずは本質を問いかけながら、職員一人ひとりの感じ方や主体性を尊重すること。リーダー層は現場をフォローする役割を担うこと。改革を実施に移すにはステップが必要になるのです。

事例3 保育の理念で職員を活かす

社会福祉法人 **呉竹会**（埼玉県本庄市）

安心して経験を積める職場にしたい

課題の発見

４代目の理事長である石田理事長は、当初から保育の量（定員規模）だけでなく、中身も時代に応えるものをと考え、大規模化して小学校に倣った園舎で一斉保育を行うことに疑問をもっていました。折しも小学校では学級崩壊が深刻化した時期。大規模であった同法人内の児玉保育園も似たような状況で退職者が増えていました。そこで、保育者が安心して経験を積み、人生をかけられる職場にしなければ本当の保育・教育は語れないと考えました。

職場にフラットな人間関係をつくり、ベテランの「見守る力」を活かす

アプローチ

「子どもへの見守る保育の姿＝職員間で共に支え合い成長する姿」という法人理念の実現を目指すなかで、職員の特性や得意とする力を活かし、年功序列ではないフラットなチームワークを構築しました。また、ベテランほど「若い職員を見守り活かすことができる」と考え、評価しています。「多様な経験を積んだ職員こそ、経験の少ない職員の行動を冷静に捉え、的確なアドバイスをわかりやすく伝えることができるから」と石田理事長は言います。

これらは、子どもの主体性を引き出す「見守る」姿と同じ考え方です。子どもへの保育と職員間の同僚性の考え方に矛盾がないので、職員がわかりやすく理念を実現できるそうです。

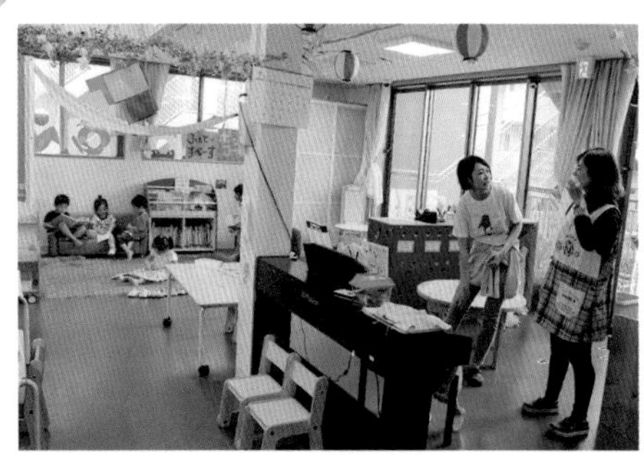

保育室の一角でもにこやかにコミュニケーション

園には職員同士が気軽に話せる関係性があり、保育について交わすコミュニケーションが多いから、それが毎日の保育の場における研修になっていると言えるのではないかと石田理事長は考えています。

職員と同じ目線に立ち、援助し、肯定する

先輩園を見て「まねること」を大切にし、先輩園からいろいろ教わるなかで、リーダーの役割を捉え直しました。職員を取りまとめ、引っ張るのではなく、職員を援助し、肯定し、問題が生じた時に一緒に考えてあげられるのがリーダーだと教えてもらい、理事長自身、その役割に徹しました。言ってやらせることは簡単ですが、自分自身でできるようにするためには、その職員と同じ目線に立ち、自信をつけてあげることが大切。子どもへの対応と同じだと言います。

仮に新規採用で力の足りない職員がいても、職員全員にこのメンバーでチームをつくる重要性を話します。経験が浅くても良いところを認めて育て、自信をつける。これで結果が出て、保育が良くなった職員もいるそうです。

リスペクト型マネジメントの視点

石田先生の理事長・園長としてのリーダーシップが特に素晴らしいのは、まさに「同僚性」にあります。なかでも、「子ども主体の保育」、「見守る保育」を行う原理は、職員を育てる原理と共通のものと捉えている点です。子ども主体の保育を大切にしようとしていくことは、保育者・職員の主体性を尊重していくことにあるのです。職員・保育者一人ひとりの良さや特技を活かすかかわりは、子ども主体の保育に通じるのだと思います。リーダーのそうした姿勢が、園内全体の風土となっていくのです。

事例④ 面談やポートフォリオで職員の良さや個性を伝える

学校法人亀ヶ谷学園 宮前幼稚園
宮前おひさまこども園（神奈川県川崎市）

3年程度での離職が多い

課題の発見

5､6年前までは3年程度で辞めてしまう保育者が多かったという宮前幼稚園・宮前おひさまこども園。園長が語る理想を副園長もリスペクトしていたそうですが、保育者のキャリアが十分でなければ、理想の保育を行うことはできません。その乖離を埋め、園長の理想を具現化していく必要があると考え、組織改革に本格的に取り組み始めました。

職員全員と面談をする

アプローチ

職員が約70名と多く、なかなか個別に話す機会がありませんでした。ある職員から「もっと私たちの話を聞いてください」と言われたことをきっかけに、全職員と面談をすることにし、園長や副園長が一人ひとりの頑張りを認めたり、不安や悩みに寄り添ったりすることを大切にしていきました。園長と個別に話せる場ができたことが、安心感につながったそうです。

職員のそれぞれの良さが書かれたポートフォリオを作る

保護者に子どもの姿を伝えるのに苦戦する保育者が多く、ポートフォリオを導入することになりました。新しいことを始めるには、ミドルリーダー層の理解を得ることが必要だと考え、子どもの記録をもらった時の保護者のうれしい気持ちを保育者自身が体験できるよう、ミドルリーダーのポートフォリオを作りました。宮前幼稚園・宮前おひさまこども園では園長が日々、子どもだけでなく保育者にもカメラを向けて保育中の様子を撮影しているので、その写真を使い、ポートフォリオで可視化したのです。会議が始まると、最初は何が始まるのかと不安な表情をしていた職員ですが、自分のポートフォリオを見たら、笑顔になりました。

園長・副園長が作った、保育者のポートフォリオ

ポートフォリオを見て、こんな笑顔に

リスペクト型マネジメントの視点

保育者の離職は大きな課題です。職員が相談をもちかけてきたのは、亀ヶ谷副園長を信頼してのことでしょうね。リーダー層が定期的に声を聴く場をつくることが肝要ですし、ポートフォリオを使って、職員自身の日頃の頑張りを受容したことも素晴らしいです。これらが職員同士の支え合い、語り合う風土の形成につながっています。

事例5 15の職務リーダーを配置

学校法人あけぼの学園
あけぼのほりえこども園（大阪府大阪市）

ミドルリーダーの育成

課題の発見

ミドルリーダー職は、与えられた仕事を１人で抱え込むのではなく、セルフマネジメントし、チームの職員と共に考えて指示できる責任分散能力を身に付けてほしいと考えました。

15の職務リーダーを配置

アプローチ

あけぼのほりえこども園では、「動植物管理」「絵本管理」「園内美化管理」等、15の職務リーダーを配置しています。各リーダーは４月に具体的な事業計画を立案し、１年間業務を実行します。上長への報告は年度末に結果だけ伝えるのでよく、そのすべてを任されます。例えば、動植物管理リーダーであれば、ウサギの飼育方法や、園内の畑でどんな野菜を育て、どう食育につなげるかなどを計画し、絵本管理リーダーはどんな絵本や紙芝居を購入するか、予算を管理しつつ計画します。一方、すべての業務をリーダー１人でするわけではありません。計画を立てたら、業務を各職員に振り分け、それぞれの仕事ぶりを管理し、計画通りに進むようにします。リーダー職の職員は、処遇改善加算の対象者にもなります。

事例6 職員の個性や良さに気付く表彰の仕組み

社会福祉法人龍美 **陽だまりの丘保育園**（東京都中野区）

職員の良さが認められる機会をつくりたい

課題の発見

園には様々な個性や良さをもっている職員がいます。しかし、普段から自分の個性や良さを自覚して発揮したり、認められたりしているとは限りません。そこで、職員が自分の個性や良さに気付き、認められる機会をつくりたいと考えました。

職員全員で投票する表彰の仕組みをつくる

アプローチ

職員の個性や良さを認める表彰の仕組みをつくることにしました。職員全員が投票ポイントをもっていて、「ありがとう賞」や「笑顔がすてきで賞」など数種類のテーマを設け、テーマにふさわしい職員を全員で投票して選びます。

投票によって、「自分の笑顔が、意外とみんなに認められているんだ」と驚く職員もいるそうです。職員同士で賞を出すことは、職員が仕事に取り組む際の外的動機づけにつながっていると曽木園長は考えています。

視点 

個々を活かす働き方のマネジメント

業務の省力化のための書類の書式の見直し、時間管理等のマネジメント、職場環境の改善、人手を増やしノンコンタクトタイムをつくる工夫、仕事のあり方の見直し等、多様な職員を活かすマネジメントが重要となります。

事例1 新しい計画や記録を始める時は省力化に注力する

社会福祉法人柿ノ木会 野中こども園（静岡県富士宮市）

改革が職員の負担感を高める

課題の発見

開園以来、子ども自身の「おもしろそう」「やってみたい」を重視した保育を展開してきた野中こども園。このような保育を実践するには、子どもを見る目や行動を読み取る力、環境の整え方など、高度な保育の専門性が求められます。

中村副園長が園の人材を見返した時に、保育者の経験や専門性にばらつきがあることに気付きました。高い専門性をもち、時代の変化にも対応できる人材を育成していきたい。そのために行事や製作物を見直しますが、職員の葛藤や負担感、抵抗感ばかりを高める結果になってしまいました。

「正しさ」から「楽しさ」へ

アプローチ

元来、保育者は保育や子どもとのかかわりを楽しいと思う集団であるはず。そこで、保育の楽しさの探求を第一に置こうと考え直しました。「正しさから楽しさへのシフトチェンジ」です。

これは「子どもの興味・関心を尊重する」という園の保育理念に通じる発想で、職員たちも受け入れやすいものでした。この考え方で、保育者の負担を減らしつつ、園の記録や計画を見直していきました。

ドキュメンテーションの導入

最初に着手したのは、記録の取り方を文章中心の記述式から、写真や動画を活用したドキュメンテーション形式に切り替えることです。まずは保育に直接かかわらない副園長が、ドキュメンテーションの作成・掲示を始めました。すると、直観的で保護者や子どもに伝わりやすく、職員間での振り返りにも活用できそうなことがわかり、徐々に職員に広がりました。

鍵となったのは「楽で便利に」。1枚の作成時間は15〜20分程度で、従来の記述式の日誌に比べて負担が少ないこと、文章で記録するより楽で、保育の計画・振り返りにも活用できることです。ドキュメンテーション導入後、日誌のエピソード記述に流用することにしました。

ドキュメンテーション。A４用紙１枚に写真が４〜８枚、余白に簡単な説明文を書き込む

指導計画を見直す

野中こども園では、実践と記録と振り返り（会議のもち方）を試行錯誤してきました。子どもの興味・関心を読み取るために保育ウェブの作成に取り組んだ時期もありましたが、指導計画の様式を見直し今は「10 Days Plan」（2週間分の週日案）として作成しています。

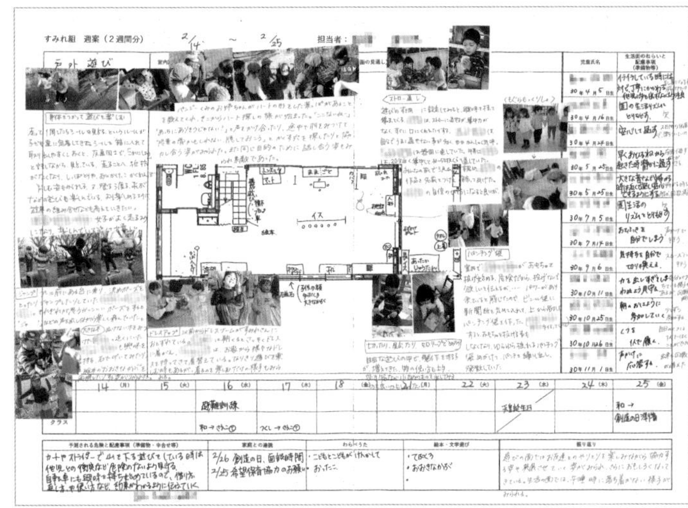

すみれ組　週案（2週間分）　2/14 ～ 2/25　担当者：

14	15	16	17	18	22	23	24	25
		避難訓練				天皇誕生日		創造の日準備

指導計画「10 Days Plan」

「プチカン」の実施

ドキュメンテーションを作成する前段に、毎日実施しているのが「Daily Petit Conference」（通称：プチカン）です。その日の子どもたちの写真を印刷した時点で、担当者と主幹等が10分程度、意見交換・考察を行います。

他者に説明するために思考を整理したり、別視点からの考察を得たりすることで、読み取りや見通しの蓋然性（確からしさ）を担保し、記録を書くうえでの心理的な負担を軽減するねらいがあります。

現場の声

ドキュメンテーションなら作業時間は15分程度、午睡の時間中に完成させることができます。また、会議はすべて勤務時間内のノンコンタクトタイムに行われるので、集中して参加できます。

リスペクト型マネジメントの視点

改革のキーワードは「正しさ」から「楽しさ」へのシフトチェンジ。さすがです、まさに「あるべき」論からの脱却です。新しい記録や計画の導入時も、保育の質向上と業務改善（省力化）の両立が図られています。今、求められているリーダーシップのあり方が、ギュッと詰め込まれていることを実感させられました。

事例 2 記録の書式を見直し、職員の余裕をつくる

社会福祉法人こまつ会 **乙房こども園**（宮崎県都城市）

職員が笑顔になれるよう余裕をつくりたい

課題の発見

職員には、伸び伸びと保育をしてほしい。でも、余裕がないと人は笑顔にはなれません。立派な書き物を作ることより、1日にこにこしているほうが、子どもにとってもうれしいはず。そこで、刀坂園長は、書類は極力減らし、休日はリフレッシュの時間にするために行事を減らすことなど、業務量の見直しは不可欠だと考えました。

他園を参考に書類の書式を見直す

アプローチ

指導計画と記録の書式を見直しました。雑誌を丸写しするだけで、後で見直しもしない書類を監査のためだけに作るのはおかしいと考えたためです。もっと意味のある計画にしたいと考えて、様々な園にお願いして書式を見せてもらい、和光保育園（千葉県）の書式を使うことにしました。シンプルでわかりやすく、いろいろな変化に対応できる書式です（右表）。

予想される子どもの姿を書く欄はありますが、実際の子どもの姿、遊びと違っていたら、赤ペンで実際の様子を書いておく、もっと突っ込んで書きたいことは裏面に書くという、４期に分かれた期案になっています。この書式で説明したところ、監査も問題なく通ったそうです。

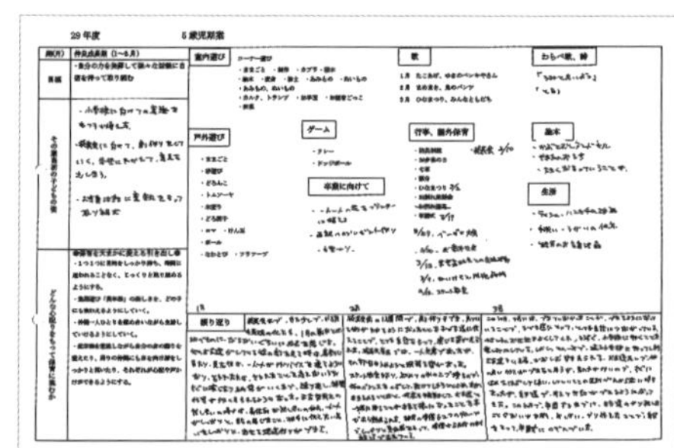

他園の指導計画を手本にして変更した期案（仲良し成長期、１～３月）

リスペクト型マネジメントの視点

保育の質を高めていくには、保育者が笑顔で子どもにかかわれること。そのためには、業務量の軽減が不可欠。しかし、実際には子どもと向き合う時間以外の多くは、書き物に費やす時間だったりします。それを変えようとしたのです。監査のために、雑誌の指導計画をただただ書き写す園は少なくないと聞きます。おそらく、監査のために書き写しているのだから、あまり保育には役立っていないのかもしれません。そこにメスを入れたのです。

実際には、指導計画と記録の書式を大胆にシンプルにされました。ここには書かれていませんが、単にシンプルにしただけでなく、「子どもの姿はこうだったから、ああしたいね」など保育者が語り合いながら作っていくものです。そして、実際に保育をやってみてそれ以外の姿が出てきたら、それを後から書き足してしまうのです。まさに、「子どもの姿ベース」の指導計画です。最初から計画をびっしり書くのではなく、前の期（月・週）の姿を語りながら、次の展開をラフに書いておくというもの。これをすると、監査のための計画ではなく、子どもの保育に活かされる計画となるのです。しかも、時間も削減されます。これから、どこの園でもこのような工夫が求められるでしょう。

事例3 保育補助者、保育者の立場を超えた関係づくり

社会福祉法人龍美 **陽だまりの丘保育園**（東京都中野区）

園内のコミュニケーションを大事にしたい

課題の発見

業務改善は園の重要課題ですが、陽だまりの丘保育園では開園した年の途中から保育補助者の活用を始めていました。その際、「業務内容の見える化」と、何よりも「日々のコミュニケーションがいちばん大事」というのが曽木園長の考えでした。

コミュニケーションはわかりやすさを重視

アプローチ

保育補助者への指示は、言葉による説明とともに、マニュアル、業務表、チェック表などアウトプットしたものを準備。さらに、業務内容に応じて、主任、副主任、クラスリーダーのいずれか1人から保育補助者に指示が行われるよう指示系統を統一しました。

No.１８　【トイレ掃除】

☆使い捨てプラスチックエプロンを着用する。（１階トイレ、オムツ台後ろのカゴに掃除チェック表がある。）

①ジアノック液３００倍を用意し、トイレ掃除用バケツに入れる。
※掃除をする際は必ず、手袋を着用する。
※感染症の流行や下痢が一人でも出たとき、また、便が少しでも付着した場合は６０倍を使用する。（ジアノック液 300 倍は汚水槽の上、トイレ掃除用バケツはオムツ台後ろのラックの下、手袋はオムツ台にある。ジアノック液 60 倍は、使う時に作る）

②マットをテラスに干す。

マニュアルには写真と一緒に手順と内容を細かく記載

立場に関係なく相手を敬い、信頼関係をつくる

仕事で役割の違いはあっても、人として敬うのはだれに対しても同じだと曽木園長は言います。「保育補助者の方には、私からも声をかけて話をしたり、声をかけられたら優先的に対応したりします。園長の姿から職員も学んでいくので、とても気をつけてきたところです」。

園長による話しやすい雰囲気づくりにより、園では保育補助者と保育者がいろいろなところで話し合う光景が見られます。ある時、保育補助者の「私、縫い物が得意なんです」という日常の会話から、保育者と連携して発達に即したおもちゃを継続的に作ってもらうようになり、日々のコミュニケーションが保育の質にプラスとなる効果も出ています。

この話をしやすい環境づくりは、信頼関係を10年積み重ねてきた賜物だと曽木園長は言います。「私自身が大切にしていることは、自分の思いを伝えることより前に、相手の話を聞くことです。人には自分を知ってほしいという思いがあると思うのです」。このように、保育補助者に限らず、自分の思っていること、自分の得意とすることを職員から聞くと、信頼関係が築きやすくなるそうです。

保育補助者の協力で作った手作りおもちゃ

リスペクト型マネジメントの視点

業務を見える化して役割分担を明確にする一方、業務の枠にとらわれない個人の強みや思いを活かした質の高い保育が同時に行われています。両立のヒントは、園長から始まるコミュニケーションの姿勢にありそうです。

事例4 時間をつくるために雇用形態変更

社会福祉法人鐘の鳴る丘友の会 **認定こども園さくら**（栃木県栃木市）

保育者の時間を生み出したい

課題の発見

理想の保育を目指していくために、やるべきことが増えていった時期、保育者が余裕をもって保育にあたれるようにするためにも、ノンコンタクトタイムを設定することが大事だと堀園長は考えました。

その実現のためには、2つの要素があり、1つは人手を増やすこと、もう1つはICT活用による業務の省力化でした。

非常勤職員の雇用形態を変え、人手を増やす

アプローチ

ここでは特に、人手を増やすための方策について紹介します。当時､園では非常勤職員で、かつ長時間働いている人が多かったので、その職員たちを常勤にすることを進め、事務仕事を分散することにしました。ただし、常勤にも3種類あり、①新人、中途採用など1年目の職員、②早番、遅番のある職員、③定時勤務の職員となります。同一労働同一賃金の観点から、②の職員には③の職員よりも賞与や年次昇給の額は優遇しますが、育児や介護などの事情で早番、遅番ができない職員も常勤として勤務することができ、ニーズは合致しています。経営の予算確保の面でも有効な方策の1つとして実施しています。

事例5 職員のパーソナルスペースを設置

学校法人あけぼの学園
あけぼのほりえこども園（大阪府大阪市）

書類は落ち着いて作成したい

課題の発見

保育には様々な種類の書類作成があります。子どもたちの午睡時間や保育後の限られた時間を書類作成に充てることが多いですが、何かと集中の途切れやすい環境で良い記録や日誌が作成できるのでしょうか。保育はチームでする仕事ではあるけれど、保育者が1人でじっくりと振り返ったり、業務に向き合ったりする環境も必要なのではないでしょうか。

仕事に集中できる時間とスペース

アプローチ

パソコンを1人1台導入するとともに、職員室内に正職員全員のパーソナルスペースを設置しました（写真）。15時15分～16時はノンコンタクトタイムとし、電話の取り次ぎもなくして、仕事に集中できるようにしています。

自分の荷物や資料を置くこともできるパーソナルスペース

事例6 仕事のあり方を投げかけ、サポート

学校法人小寺学園 はまようちえん（兵庫県尼崎市）

子どもの育ちを記述し、語れるようにしたい

課題の発見

現場力があり、保育についてもよく語れる職員でも、文章作成を苦手にしていることが多く、課題としてありました。

そもそも、本当に子どものためになる仕事のやり方とはどんなものなのか。保育の質向上のために「今日はこんなことをしていて楽しそうでした」で満足するのではなく、そこで育っているものや学んでいることは何かを記述し、語ることができているのか。職員に投げかけることが必要だと秦理事長は考えました。

記録作成の指導を実施

アプローチ

保育記録やポートフォリオについては作成の指導を行っています。具体的には、子どもの興味・関心や内面を捉えて言葉にするために、『幼稚園教育要領』の５領域の「ねらい」の言葉も参考にします。

教育要領の言葉を活用しながら子どもの育ちを保護者に伝えられる―そのような記述をできることが子ども理解であり、それを語るのが保育のプロフェッショナルだと理事長から職員に伝え、合意しました。指導を受けた職員は適切な言葉や写真を選んだ記録を作れるようになっています。

事例7 伝達事項は日々のミーティングで

社会福祉法人順正寺福祉会 順正寺こども園（広島県広島市）

職員自身の育ちが大切

課題の発見

順正寺こども園では、人との出会い・ご縁を大切にし、子どもも保護者も職員も一緒に育っていくことを願っていますが、職員自身の育ちが課題でした。保育の質を高めるためにも園内研修のあり方を見直すことにしました。

研修は「話をよく聴く」「対話を楽しむ」「ほかの保育者の意見を否定しないで受け止める」などの約束事のもと、楽しいムードで行われている

月に1回の対話型研修

アプローチ

まずはフリーの保育者を増やしました。職員は時間的余裕が生まれ、考える時間がもてるようになり、学びたいことがあれば、どんどん研修に参加することもできるようになりました。また、以前は月２回、夜に連絡中心（伝達型）の会議をしていましたが、せっかく時間を取るならみんなが話せる場にしようと、現在は対話型の研修を月に１回実施しています。日常的な伝達事項は毎日５分の伝達ミーティングの中で行います。

視点4

外部（家庭・地域、自治体）との協働的かかわり

園からの発信と対話、保護者へのリスペクト、地域に園を支えるファンをつくること、自治体や団体等の研修、他園や研究者などからの学び等により、園外の人々との協働的かかわりを育んでいくことが鍵となります。

事例1 共に集い、育ち合う場をデザインする

学校法人小寺学園 **はまようちえん**（兵庫県尼崎市）

保護者と地域の親子のための場所をつくる

課題の発見

秦理事長が幼稚園に入職した時に宣言したのは、ブックカフェをつくることと大人の学びの場をつくること。保護者にも実りのある園生活を送ってもらえるような機会をつくりたいと考えたためです。

一方、行政が行う無料の親子広場はあったものの、ほっとできる場とは言い難いと感じていました。そこで地域の親子の居場所をつくりたい、地域の親子も「かぞく」として子育てを支援していきたいと考えました。

ブックカフェ等を開設し、「おたすけまん」制度をつくる

アプローチ

園舎を改築し、ワークショップ室やブックカフェを開設しました。秦理事長が学んできた人間関係のトレーニングや環境教育などは職員だけでなく、保護者にも実施しています。

園のファンづくりのための様々なイベントを開催し、新しい試みに共感する保護者たちが自主的にプロジェクトを立ち上げ、自主グループ活動も盛んになりました。

また、義務感が強かったPTA活動を廃止し、自主的に園や子どもたちのために何かしたいという人向けに、「おたすけまん」制度をつくりました。運動会の手伝いや遠足の付き添い等、募集の貼り紙をして、やりたい人が参加しやすい制度になっています。保護者にも、徐々にはまようちえんのスピリッツを感じてもらえるようになってきたと言います。

まちの「たまり場」を目指してブックカフェを開設

地域の親子の居場所、受け皿をつくる

地域向けに親子の居場所として、2005年に親子ひろば「きのっこ」を始めました。厚生労働省の「つどいの広場」モデル事業を参考に、入会金と月会費を設定し、月曜から金曜まで何回でも自由に使える場をつくりました。家庭で養育されている0～2歳児への支援は見過ごされてしまいがちです。「すべての子どもたちに等しい保育を」という認定こども園の理念の下、運営しています。

10年以上継続し、コロナ禍前の2019年度は206日開設、同年度の延べ利用者数3,025人、新入会は19家族でした。スタッフの構成は、非常勤職員２人とボランティアです。ボランティアは全員、卒園児と在園児の保護者で、当事者が当事者を支援するという考え方も大切にしています。

「きのっこ」には、同園のナーサリーに入れなかった利用者もいます。そこで、企業主導型保育事業を開設しました。同園の職員と地元の提携企業が利用する企業枠、そして地域枠では同園に入園できなかった人も救えるようになりました。

そのほか、オープンデー（園庭開放）や園庭園舎無料貸し出しなど、徐々に地域に開かれた園になっています。

親子ひろば「きのっこ」でわが家のようにゆったりと過ごす

現場の声

「きのっこ」では、0～2歳の同年齢の子どもの様子を知ったり園の先生の話を聞いたりして、そんなに子育てを頑張りすぎなくていいのだと安心します。（保護者の声）

リスペクト型マネジメントの視点

はまようちえんでは、職員がワクワクと保育できる関係性のマネジメントを行っていますが、さらに家庭や地域も含めて行っています。まさに、園が、共に集い、育ち合う場のデザインを行い、地域の集いの「拠点」となっていることがわかります。従来の考え方に縛られず、新たな制度も柔軟に活用しながら園をデザインする視点から、実にたくさんのことが学べます。

事例 2 保育を見て、知って、聞いてもらう

社会福祉法人 呉竹会（埼玉県本庄市）

保護者と子どもの理解と成長を共有したい

課題の発見

保護者には、子どもの発達を理解してもらうことが大切になります。そのためには、保育者が言葉で伝えるだけでなく、実際に保育を見てもらい、知ってもらうことが重要で、育児のヒントにもなるのではないかと石田理事長は考えました。

担任になんでも聞ける保育参加を実施

アプローチ

法人内の一部の園では保育参加を実施して、保護者に保育の現場に入ってもらいます。子どもの姿を見てもらうと、様々な感想・意見とともに、子どもたちと楽しんだエピソードが聞かれるそうです。

保育参加では参加者に「なんでも担任に聞いてみてください」と伝えています。例えば、けんかの時、担任は毎日子どもたちを見ているので、解決できる力が子どもたちにあるとわかって見守っています。それを見た保護者から「担任の先生がけんかを止めませんが大丈夫ですか」と心配する声が出たら、「それでは担任に聞いてみてください」と石田理事長は話します。

後に「担任の先生は全部わかっていました。あのように意図しているんですね」と見守る保育を体験して、理解してもらえるのだと言います。

発達を理解し、成長を感じてもらう行事を実施

行事として、子どもの手形を当てたり、1年間で子どもの体重が増えた分をジャガイモで量って持ってもらったりと、クイズ形式の親子で楽しめる「成長展」を実施しています。出来栄えではなく、発達の理解や成長を感じてもらうことを目的とし、プログラムに保育指針を抜粋した発達表を掲載して、展示と併せて見られるようにしています。運動会では、例えば徒競走では0歳児から、ハイハイ、つかまり立ち、少し走れて、5歳児は距離が伸びていくというように、発達がつながりとして見られるようにしています。

成長展では、親子で一緒に作品を鑑賞したり、子どもの手形、足形を当てたりする

リスペクト型マネジメントの視点

保育参加の取り組みも良いですね。保護者は実際に保育を体験するなかで実感することが大きいのです。また、「なんでも担任に聞いてみてください」というリーダー層の姿勢も大切です。それは、リーダーが担任に対してしっかりと一目置いた信頼あるかかわりであり、保護者が担任への信頼を生み出すかかわりにもつながっているのだと思います。

事例3 園の活動や子どもの成長を伝え保護者・地域との距離を埋める

社会福祉法人高田幼児 **認定こども園ひかり**（福島県大沼郡）

公立幼保統合で生まれた園

課題の発見

認定こども園ひかりは、会津美里町の公立幼保統合で生まれた幼保連携型認定こども園。認定こども園になった当初、元公立幼稚園の保護者から、自分の子どもはちゃんと見てもらえるのかと心配する声も聞こえました。園長は職員と話し合い、統合後の園の取り組みを保護者へ十分伝えられていなかったのではないかと気付きました。

保護者や地域の人が自発的に参加できる機会をつくる

アプローチ

保護者の不安の声をくみ取り、日々の保育の様子を伝えていくことで徐々に保護者に理解してもらえるようになりました。例えば園庭の環境を変える時には、保護者にもその意味を理解してもらうことが大切と、保護者向け講習会を開くこともありました。

全国の多くの園の見学を通して、保護者が自発的に園の活動に参加していると、園自体がとても活性化していることがわかりました。認定こども園ひかりでも、音楽を得意とする父親が中心となった、「お父ちゃんの会」が運動会でオリンピックを模した出し物で活躍してくれたり、「お母ちゃんの会」でもバザーをやりたいという話が沸き起こったりと保護者の参加が増えていきました。おじいちゃん、おばあちゃんの参観デーを設けると、それもとても好評でした。

また、園の用務員さんは本業がタイヤ屋さんだったので、子どもが園庭で遊ぶためにタイヤをたくさん持ってきてもらいました。

保護者や地域の方が園の活動に楽しんでかかわったり、園に来たりすることで、園の取り組みも理解してもらえるようになっていきました。

運動会での「お父ちゃんの会」の出し物

ハロウィンでは、地域の方々と楽しく交流

リスペクト型マネジメントの視点

父親・母親・祖父母・用務員など家庭・地域の参加を積極的に促していますね。それぞれの参加の機会をつくっていくことが、園の活性化につながっています。

事例  地域で保育の質を高める協働的研修

社会福祉法人省我会 認定こども園 **新宿せいが子ども園**（東京都新宿区）

地域内で連携して研修に取り組む

課題の発見

藤森園長は、保育環境研究所ギビングツリーの代表として、国内だけでなく、韓国、シンガポールなどでも講演を行うなど、「見守る保育」の理念を広く伝えています。その保育方法や保育環境の考え方から多くの園経営者が学び、各地で「見守る保育」の実践者が増えています。一方で、園のある地域で連携して行う研修も大事であると考えています。

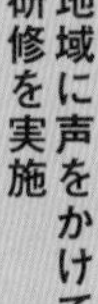

地域に声をかけて研修を実施

アプローチ

年に数回、園内だけではなく、近隣の園にも声をかけて研修に参加してもらう機会をつくりました。また、看護師は職場に同じ職種の人がいなくて行き詰まることも多いため、新宿区の看護師を20名ほど集めた研修も実施しました。このように外に発信することからも学びがあるといいます。なお、園にはセミナールームがあります。地域の園と連携する研修が実施しやすくなる点がメリットになっています。

事例 5 動画や父親保育で保護者の理解を

社会福祉法人省我会 認定こども園 **新宿せいが子ども園**（東京都新宿区）

保育と子どもの育ちの可視化に取り組む

課題の発見

「学び合い、育ち合う共同体」である園は、保護者を巻き込むことが大事になります。保育者の意図の下に保育が行われていることや、子どもがどんな場面でどんな学びをしているのか、保育と子どもの育ちは目に見えにくいので、可視化が必要であると考えました。

6月の土曜日に実施する「父親保育」は人気が高い

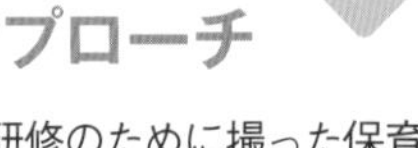

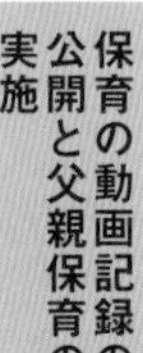

保育の動画記録の公開と父親保育の実施

アプローチ

研修のために撮った保育中の動画を毎年、成長展で保護者に公開し、子どもがどんな場面でどんな学びをしているのかを知ってもらいます。動画を見た保護者は、「子どもってすごいですね」と感動するそうです。また、園児の父親による「父親保育」を実施。担任役はもちろん、園長や用務員も体験します。『保育所保育指針』等を読んで発達を理解したり、日案を作成したりするなど、本格的に保育者の仕事をします。体験を通して、「見守る」ことがいかに難しいかに気付き、子どもや園の保育への理解が深まります。

事例6 10年続く、人気の「めぐみっ子ブログ」

学校法人めぐみ学園 **阿久根めぐみこども園**（鹿児島県阿久根市）

保護者に園生活を伝えたい

課題の発見

子どもたちは園で楽しく過ごしていても、家に帰った後みんなが「楽しかった」と言うわけではありません。例えば帰り際にちょっとしたもめごとがあれば嫌な気持ちが残り、それを見た保護者は不安になってしまう。保護者に園生活のすべてを届けたいと思いました。

子どもの力、地元の豊かさを発信

アプローチ

阿久根めぐみこども園では10年前、輿水園長による「めぐみっ子ブログ」を始めました。ブログを楽しみにしている保護者は多く、お父さん・お母さんはもちろん、祖父母の方々も見ているそうです。ブログで意識しているのは、行事なら本番までの過程を丁寧に書き、子どもにどんな力が育っているかを伝えること。続けるなかで、じわじわと園の理念が浸透していることを実感するそうです。

ブログにはもう1つのねらいがあります。それは地域づくり。園のあるエリアでは人口減少が進んでいますが、地域の人に子どもたちの活動を知ってもらうことで、地元の豊かさを届けたいと考えているそうです。

事例7 地域の中で園の役割をつくる

社会福祉法人こまつ会 **乙房こども園**（宮崎県都城市）

地域から「なくなったら困る」と言われる存在になりたい

課題の発見

もし、地域から保育園が突然なくなったとしても、園児の保護者はともかく、地域の方はそれほど困らないかもしれません。しかし、乙房こども園が地域の方から「え、なくなったら困る！」と言われる存在になっていきたいと考えました。

子どもフリーマーケット。実行委員がお客さんに対応

地域の大人や子どもたちに園を活用してもらう

アプローチ

地域の高齢者クラブ、婦人部、壮年部等には、「保育園は地域の資産なので、機材等もどんどん使ってください」と伝えています。また、7年ほど前から「乙房なんかす会（なんかしようかい）」を立ち上げました。園を会場にして開催した「子どもフリーマーケット」は、小学生が実行委員や店長を務め、地域の大人がサポートするイベントです。「子どもを中心にして、地域が協力し合える関係性ができてきて、皆さんが園に足を運んでくださるのがうれしい。社会の中での園の役割を意識していきたい」と刀坂園長は言います。

事例 8 保護者が園行事で特技を発表

社会福祉法人柿ノ木会 野中こども園（静岡県富士宮市）

保護者の本音を聴く

課題の発見

保護者に「何かあればいつでも相談しに来てください」と伝えても、保護者は構えてしまい、なかなか相談に来てくれません。保護者の本音を聴き出すにはどうすればよいか、野中こども園では一緒に取り組めることはないかと考えました。

「保育参加」を実施

アプローチ

野中こども園では、保護者に保育の現場を体験してもらう「保育参加」を実施しています。その日の午睡時に担任と保護者で話す「プチ面談」をすると、保護者からは今まで聴けていなかった本音が出てきました。

「保育参加」は園の保育を知ってもらう良い機会となっていて、この体験で興味をもってもらえれば、保護者はその後、どんどん園にかかわるようになります。今ではお誕生日会に保護者が特技を発表する時間を設けたり、園庭整備を手伝ってもらったりもしていると言います。

お誕生日会ではプロダンサーの保護者がフラメンコを披露

事例 9 夏祭りをやめて地域の祭りに出店

社会福祉法人順正寺福祉会 順正寺こども園（広島県広島市）

地域で子どもを育てたい

課題の発見

順正寺こども園のあるエリアでは、地域の行事が少なくなっています。大学進学等で一度県外に出ても、子育てをする頃には「やっぱりこの町がいいね」と戻ってきてもらいたい。地域全体で子どもを育てるために、園としてできることを考えました。

地域の夏祭り。順正寺こども園の出店に子どもたちが集まる

地域の祭りに参加

アプローチ

地元の盆踊りに園の子どもたちが多く参加したら、地域の活性化につながるのではないかと考え、園で行っていた夏祭りをやめて、盆踊り会場に園が出店することにしました。子どもたちには、「先生がお祭りに行っているから、みんなも来てね」と伝え、職員も2～3名ずつに分かれて参加します。

第4章

語り合いの組織へのヒント

第１章から第３章まで、リスペクト型マネジメントの４つの視点と、園の課題に即したアプローチの実践例についてご紹介してきました。第４章では、それらを踏まえ、皆さまの園で実際に子どもの姿ベース（子ども主体）の保育へ転換していくための進め方を提案します。園長だけではなく、ミドルリーダーやすべての保育者が主体となる組織改革をデザインしていくうえで、考えを共有するためのワークシートとヒント集を掲載します。

園のみんなで進める
組織改革のための具体的な方法

「リスペクト型マネジメント」による子どもの姿ベース（子ども主体）の保育への改革を進めるためには、実際に園のみんなで考え、取り組んでみることが重要です。
ここでは、課題・気づき・アプローチなどを見える化・共有できるワークシートをご紹介します。

基本的な進め方

① ワークシートの設問に従って自園の保育や組織について振り返り、「課題」と「気づき」をシートに記入します。

② シートに記入した「課題」と「気づき」に対して、どんな「アプローチ（解決法や取り組みのアイデア）」があるのか、書き出します。本書の事例やP.92 ～ 95のヒント集も参考にします。

③ 解決法や取り組みのアイデアを基に、実際にできることから試してみます。または、園内で共有して、賛同を得られたものについて実行します。

④ ①～③を実行して、一定期間（例：1か月、3か月、半年、1年）の後、振り返りを行い、改善しながら取り組みを継続します。そして、①～④をくり返します。

理事長・園長の場合

自分自身で①～④を実施するか、あるいは、副園長・主任などのリーダー層と一緒に、①～④に取り組みます。

副園長・主任・副主任・学年リーダーの場合

自分自身で①～④を実施するか、あるいは、本書を園長やリーダー層と読み、一緒に①～④に取り組みます。

より良い保育を目指すすべての保育者の場合

自分のできる範囲で①～④を実施するか、あるいは、同僚やリーダー層に本書の内容を伝え、一緒に①～④に取り組みます。

園のみんなで取り組んで、ぜひ組織改革を実現してください！

ワークシート

リスペクト型マネジメントの４つの視点（P.15～16）ごとに、ワークシートに記入して、自分の考えをまとめ、園のみんなで共有してみましょう。

1）どの視点から回答するか、チェックを入れましょう。

- □ 視点1　語り合う風土・ミッションの共有
- □ 視点2　職員一人ひとりの良さ・個性の尊重
- □ 視点3　個々を活かす働き方のマネジメント
- □ 視点4　外部(家庭・地域、自治体)との協働的かかわり

2）1）の視点から、自園の保育や組織を振り返ると、どんな課題や気づきがありますか？　また、課題の解決のためにどんなアプローチ（解決法や取り組みのアイデア)が考えられますか？ 自由に書き込んでみましょう。

課題

気づき

アプローチ（解決法や取り組みのアイデア）

リスペクト型マネジメント　ヒント集

視点1　語り合う風土・ミッションの共有

子ども主体の保育の大切さがうまく伝わらない

- □ 書籍、DVDなどで目指す保育の具体的なイメージを共有してみる
- □ みんなで同じ研修を受けてみる、同じ園を見学してみるなど、職員全体で子ども主体の保育を学ぶ機会をつくってみる
- □ いきなり園全体で行うのは難しければ、まずは園長・主任でいろいろな研修や園見学を行い、方針を共有してみる

保育者主導の保育の変え方がわからない

- □ 園の課題を抽出し、目標設定をしてみる
- □ 異年齢保育や担当制など、子ども主体の保育に向けた新しい保育の方法をメリット・デメリットとともに提案してみる
- □ みんなが一緒になって取り組める改革の目標（園庭改造、保育室の環境づくり等）を設定してみる
- □ ミドルリーダーや担任が自ら気付けるようになることを大切に、リーダーがサポートしてみる

保育の改革がこれで合っているかどうかわからない

- □ 外部講師にアドバイスをもらってみる
- □ 子ども主体の保育を進めている他園の先生に相談してみる
- □ 毎日10分程度の時間を取り、小グループに分かれて事例を話し合い、グループごとに発表するなど、話しやすい場をつくってみる
- □ 何か1つ、みんなで取り組むテーマを決めて、公開保育などで意見をもらってみる

語り合いがなかなか深まらない

- □ 立場や役職の違いから、自分の思いを押し付けていないか、振り返ってみる
- □ 一人ひとりの声に耳を傾けてみる
- □ ファシリテーションの手法を使ってみる
- □ 園長だけでなく、ミドルリーダー層も（その他の保育者も）ファシリテーター役をしてみる
- □ 職員一人ひとりとの面談を実施してみる
- □ 園内研修ではまずは雑談から始めてみる
- □ 付箋を使って意見を出し合ってみる
- □ 職員室の動線や机の配置などを変え、職員間でコミュニケーションが生まれやすくしてみる
- □ ミドルリーダーが園長と職員の間に入って、それぞれの考えを伝えながら、話し合いの場をつくってみる

若手が育たない

- □ すぐに変わることを求めず、まずは職員が今できていることをほめてみる
- □「斜めの関係」で語りやすい雰囲気をつくってみる
- □ 若手にメンターをつけてみる
- □ 自分の悩みをオープンにできる職員をリーダーにして、みんなが話しやすくなるようにしてみる

園内研修がうまく機能していない

- □ ドキュメンテーションやビデオカンファレンスなどを導入して、子どもの姿を語り合ってみる
- □ 当事者がハッピーになれるような研修となるように意識してみる

リスペクト型マネジメントの４つの視点ごとに、園の課題にアプローチするためのヒントの一例を掲載しました。園のみんなで、できそうなところから少しずつ改革を進めるためにご活用ください。

視点2　職員一人ひとりの良さ・個性の尊重

離職者が多い、なかなか職員が定着しない

- □ 園の理念、目指す保育を丁寧に伝えてみる
- □ ミドルリーダー層が、園長と職員の間をつなぎ、園長の思いを伝えてみる
- □ ミドルリーダー層が、園長と職員の間をつなぎ、職員の良さを園長に伝えてみる
- □ 職員全員と面談して、頑張っているところやすてきなところを伝えてみる
- □ 職員一人ひとりの保育の様子を写真に撮り、その人の良さをまとめたカードなどを作って渡してみる

主体性と同僚性が育たない

- □ 保育計画・記録を、ドキュメンテーションなどのように、話し合いながら作る必要がある形式に変えてみる
- □ ICTサービスを活用して、全クラスの日誌をみんなが見られるようにすることで、ほかのクラスの保育や困りごとなどが共有できるようにして、互いに関心がもてるようにしてみる
- □ 話しやすい雰囲気づくりができるミドルリーダーをキーマンとして、立場が違ってもフラットに話し合えるようにしてみる

園長の頑張りが空回りしている

- □ 職員一人ひとりを信頼、尊重しながら組織をつくることを心がけてみる
- □ リーダー層と対話の機会をもち、相手を知るための質問をたくさんしてみる
- □ 園長のすてきなところ、得意なことが職員に伝わるようにミドルリーダーが工夫してみる

ミドルリーダーが育たない

- □ いろいろな職務リーダーのポジションをつくり、ミドルリーダー層にすべてを任せてみる
- □ 現場経験が豊富なミドルリーダーの専門性を尊重することを意識してみる

職員に、自分なりの発想で保育を体現していく力が身に付いていない

- □ 園内研修の企画を若手や有志に任せてみる
- □ 研究員制度やノンコンタクトタイムが長く取れる日などを設け、職員がそれぞれ興味のあるテーマで保育を深める機会をつくってみる
- □ ベテランが若手の未熟な部分をフォローする役割をつくるなど、ベテランが若手のモデルとなりつつ、ベテラン自身も活かされる方法を探ってみる
- □ 職員を引っ張るリーダーシップではなく、職員を援助・肯定し、自信を引き出すリーダーであるように心がけてみる

職員が自分の良さを自覚できていない

- □ 一人ひとりの違いを大切にするという共通の理念をきちんと示し、意見が言いやすい雰囲気・関係性をつくってみる
- □ 「笑顔がすてきで賞」など、みんなでユニークな賞をつくり、職員全員の投票で選ぶといった表彰の仕組みをつくってみる

視点3　個々を活かす働き方のマネジメント

みんなが同じ立場で話し合えない

- □ できるだけ全員を正職員にするなど、同じ立場でチャレンジできる土壌をつくってみる
- □ 正職員と臨時職員（パート職員、保育補助者）のコミュニケーションが円滑になるよう、マニュアルを準備したり、指示系統を統一したりしてみる
- □ 園長が率先してどんな立場の職員も話しやすい雰囲気づくりを行い、職員の思いに耳を傾ける姿勢をもってみる
- □ 子どものことを語り合うことが楽しくなることを通して保育が変わり、職員主導で会議・記録・書類のあり方も変わっていくようなかかわり方を意識してみる

忙しすぎて職員に余裕がない

- □ 子どものために頑張りすぎてしまう職員の気持ちに寄り添いつつ、業務負荷を確認し、実情に合うように業務を軽減してみる
- □ 職員が慌ただしくしている時には、園長やリーダーが良い雰囲気づくりを心がけてみる
- □「正しさ」ではなく、「楽しさ」に意識を向けられるように、保育や子どもとのかかわりの楽しさを大切にしてみる
- □ 文章中心の日誌より負担が少ないドキュメンテーションを導入してみる
- □ 保育者がするべき仕事と、そうではない仕事を見極め、仕事をスリムアップしてみる
- □ 落ち着いて書類作りができるような個人の机や、保育から離れて集中できる場所を整えたり、パソコンを1人1台導入したりしてみる

時間が足りない

- □ 常勤職員の働き方の選択肢を増やし、事務仕事を分散するなど、人手を増やす方法を検討してみる
- □ 職員にそれぞれの業務にかかった時間を分単位で記録してもらい、業務ごとの平均値を出して、時間に対する意識づけをしてみる
- □ 一人ひとりがタイムマネジメントの意識をもつ大切さを伝えてみる
- □ ICTサービスを上手に活用して、業務軽減に取り組んでみる
- □ 新しいことを始める時は、同時に必ず計画や記録などの業務を見直すなど省力化にも注力してみる
- □ 監査のためにその書類が本当に必要かどうか見直し、作業を軽減できる方法はないか探ってみる

職員が育っていない

- □ 仕事の仕方を投げかけ、記録やドキュメンテーションの作成などの指導や、要領・指針の言葉を使って子どもの育ちを伝えられるよう、サポートしてみる
- □ 園内研修のあり方を見直し、職員が育つ時間をつくれるようにしてみる

会議の生産性が低い

- □ 会議は事前に議題を共有して、所要時間も決めておくなど、会議時間の短縮を工夫してみる
- □ 伝達型の会議をやめ、みんなでじっくり話せる対話型の研修を実施し、日常的な伝達は毎日短時間のミーティングで行ってみる
- □ 会議を業務時間内のノンコンタクトタイムで効率的に行うように意識してみる

視点4　外部（家庭・地域、自治体）との協働的かかわり

職員の子ども主体の保育への意識が高まらない

- [ ] 良さそうな外部研修を選んで、職員に勧めてみる
- [ ] 園全体での共通理解につながるよう、外部研修や他園の見学などを積極的に取り入れてみる
- [ ] 外部講師に保育を見てもらい、アドバイスをもらってみる
- [ ] 園長からでは伝わりにくい話は、外部講師を通して伝えてみる

保護者にも保育を知ってほしい

- [ ] 担任になんでも聞ける保育参観を実施してみる
- [ ] 発達を理解し、成長を感じてもらえるような体験型の保育参観や行事を実施してみる
- [ ] 保育の動画記録やドキュメンテーションなどで保育を見える化して、日常の保育を伝えるようにしてみる
- [ ] 母親だけでなく、父親や祖父母も参加できるような保育参加を実施してみる

地域の子育て家庭への支援ができていない

- [ ] 地域の親子の居場所となるような場（ブックカフェやワークショップ室等）を園の中につくってみる
- [ ] 園のファンづくりのために、共感してくれる保護者の力も借りながら様々なイベントを開催してみる
- [ ] 親子ひろばの運営などは、できるだけ当事者による当事者支援を意識してデザインしてみる
- [ ] 園庭開放や園庭・園舎の無料での貸し出しなどを行い、地域に園を開いてみる

地域での保育の質が高まらない

- [ ] 地域の園に参加を呼びかけて一緒に園内研修を実施することで、保育の学びを深めてみる
- [ ] 地域の園に参加を呼びかけて看護師など人数の限られた職種の研修の充実につなげたりしてみる

保護者組織が主体的でない

- [ ] これまでのPTA（あるいは保護者会）組織の見直しを図り、子どものために何かをしたい人たちのポジティブな集まりになるようにしてみる
- [ ] 保護者に子どものことを一緒に考えていく同志となってもらうために、子どもが学んでいることについて丁寧に伝えてみる

園の存在価値が地域に伝わっていない

- [ ] 園のブログを開設し、子どもが育っている姿を詳しく発信してみる
- [ ] 自園のブランディングを捉え直し、地域に合わせてみる
- [ ] 地域の大人や子どもに園を活用してもらうために、園の機材などの貸し出しや園主催のイベントを開催してみる
- [ ] 園の夏祭りをやめて、地域の祭りに出店して、保育者と子どもが参加することで地域との接点をつくってみる
- [ ] 保育園でも入園説明会をしてみる
- [ ] 保育のために提供してもらえるものはないか地域の方に相談することで、地域を巻き込んでみる

[編著者]
大豆生田啓友
（玉川大学教育学部乳幼児発達学科教授）

専門は、保育学、乳幼児教育学、子育て支援。厚生労働省「保育所等における保育の質の確保・向上に関する検討会」座長代理。著書に「子どもの姿ベースの指導計画シリーズ」（全３巻、フレーベル館）ほか多数。講演会やNHK Eテレ「すくすく子育て」のコメンテーターとしても活躍。

[協力園]
第２章
- 社会福祉法人順正寺福祉会 順正寺こども園（広島県広島市）
- 学校法人亀ヶ谷学園 宮前幼稚園・宮前おひさまこども園（神奈川県川崎市）
- 社会福祉法人龍美 陽だまりの丘保育園（東京都中野区）
- 学校法人さくら学園 さくら認定こども園（栃木県宇都宮市）
- 学校法人横浜アイリス学園 幸ヶ谷幼稚園（神奈川県横浜市）
- 社会福祉法人杉の子保育会 ひだまり保育園（東京都世田谷区）
- 社会福祉法人鐘の鳴る丘友の会 認定こども園さくら（栃木県栃木市）
- 学校法人あけぼの学園 あけぼのほりえこども園（大阪府大阪市）

第３章
- 社会福祉法人高田幼児 認定こども園ひかり（福島県大沼郡）
- 社会福祉法人鐘の鳴る丘友の会 認定こども園さくら（栃木県栃木市）
- 社会福祉法人呉竹会（埼玉県本庄市）
- 社会福祉法人龍美 陽だまりの丘保育園（東京都中野区）
- 社会福祉法人省我会 新宿せいが子ども園（東京都新宿区）
- 学校法人亀ヶ谷学園 宮前幼稚園・宮前おひさまこども園（神奈川県川崎市）
- 社会福祉法人柿ノ木会 野中こども園（静岡県富士宮市）
- 学校法人あけぼの学園 あけぼのほりえこども園（大阪府大阪市）
- 学校法人小寺学園 はまようちえん（兵庫県尼崎市）
- 社会福祉法人順正寺福祉会 順正寺こども園（広島県広島市）
- 社会福祉法人こまつ会 乙房こども園（宮崎県都城市）
- 学校法人めぐみ学園 阿久根めぐみこども園（鹿児島県阿久根市）

本書の第2章・第3章は、2018年4月号～2022年3月号『保育ナビ』の連載等の内容を整理して、加筆・修正したものです。

[表紙・本文イラスト] イイダミカ
[本文イラスト] すぎやまえみこ
[校正協力] 鷗来堂

保育ナビブック

実践から読み解く
園のリーダーのための
リスペクト型マネジメント
1 組織改革の４つの視点

2022年8月8日　初版第１刷発行

編著者　大豆生田啓友
発行者　吉川隆樹
発行所　株式会社フレーベル館
〒113-8611 東京都文京区本駒込6-14-9
電　話　営業：03-5395-6613
編集：03-5395-6604
振　替　00190-2-19640
印刷所　株式会社リーブルテック

表紙・本文デザイン　blueJam inc.（茂木弘一郎）

ISBN 978-4-577-81519-9　NDC376
96ｐ／26×18cm

乱丁・落丁本はお取替えいたします。
フレーベル館のホームページ
https://www.froebel-kan.co.jp